人邮普华
PUHUA BOOK

我们一起解决问题

总助能量站 —— 著

向阳 ———— 审校

秘书/助理成长实战手册

公文写作

人民邮电出版社

北 京

图书在版编目（CIP）数据

秘书/助理成长实战手册．公文写作 / 总助能量站著．
北京：人民邮电出版社，2025. -- ISBN 978-7-115
-65740-4

Ⅰ．C913.4-62；H152.3-62

中国国家版本馆CIP数据核字第2024SH2487号

内 容 提 要

秘书或助理应该具备的专业技能常常被概括为"办文、办会、办事"，"办文"也就是公文写作排在首位，由此可见公文写作的重要性和价值。

本书分为上下两篇。上篇介绍了公文写作基础知识，包括公文的分类、特点、通用格式、常用词汇、相关标准等，详细说明了实际工作中比较常用的10种法定公文——公告、通告、通知、通报、意见、报告、请示、批复、函、纪要的格式、写作方法及要点；下篇介绍了比较常用的23种非法定公文——计划、总结、声明、述职报告、讲话稿、开幕词、演讲稿、会议记录、章程、规定、守则、制度、市场调研报告、商业计划书、标书、合同、证明信、介绍信、感谢信、倡议书、欢迎词、祝词、贺信的格式、写作方法及要点。

本书可供秘书、助理等人员阅读，也可作为中高等院校相关专业师生的参考读物。

◆　　　著　　总助能量站
　　责任编辑　陈　宏
　　责任印制　彭志环

◆人民邮电出版社出版发行　　　　北京市丰台区成寿寺路11号
　　邮编 100164　　电子邮件 315@ptpress.com.cn
　　网址 https://www.ptpress.com.cn
　　涿州市般润文化传播有限公司印刷

◆开本：880×1230　1/32
　印张：6　　　　　　　　　　　　2025年3月第1版
　字数：180千字　　　　　　　　　2025年10月河北第2次印刷

定　价：45.00元

读者服务热线：（010）81055656　印装质量热线：（010）81055316
反盗版热线：（010）81055315

　　"办文、办会、办事"是每一位秘书或助理都应该具备的专业技能，排在最前面的就是"办文"。"能不能写""会不会写"几乎是每一位秘书或助理在面试时都会被问到的问题。能写、会写的人当然更容易获得录用。反之，如果面试官发现应聘者既不会写会议通知也没写过发言稿，可能马上就会将其从候选人名单中划掉。

　　等好不容易通过面试、获得录用，进入公司开始上班，你会发现"办文"这件事依然很重要。领导一会儿让你写一份工作报告，一会儿让你起草一份会议通知。如果你写得又好又快，领导肯定会觉得你是一个可用之才，也会越来越器重你。但如果你写了一上午才挤出一份 500 字的工作报告，把会议通知发出去后才发现忘了写开会地点，领导自然不会满意。所以，每一位秘书或助理都必须重视并熟练掌握公文写作。

　　公文有多少种？不同的公文应该怎么写？写作时要注意什么？本书系统地回答了这些问题，并梳理出了一套完整的写作方法和思路。

　　本书分为上、下两篇，上篇介绍了公文写作基础知识和实际工作中比较常用的 10 种法定公文的写作方法，下篇介绍了比较常用的 23 种非法定公文的写作方法。

上篇共 2 章。

第 1 章为"公文写作基础"，详细介绍了公文的分类、特点、通用格式、常用词汇、相关标准，帮助读者从各个方面了解公文写作，建立对公文的整体认识。

第 2 章为"法定公文写作"，详细介绍了 10 种法定公文的定义、特点、要素、分类、在企业中的应用等，并提供了通用模板和写作范例，读者可以直接套用，从而节省工作时间，提高工作效率。

下篇共 6 章，详细介绍了事务类、会议类、规章类、经济类、书信类、礼仪类共 6 类、23 种非法定公文的格式、写作方法及要点，并提供了通用模板和写作范例。

需要说明的是，受限于篇幅，一些具有实用性的内容无法完整地呈现在本书中，因此，我们以附赠资源的形式提供了一些扩展性内容，如公文的常用动词和名词、用 AI 辅助公文写作的方法和技巧等，请访问 https://box.ptpress.com.cn/y/65740 获取这些资源。

本书是团队合作的成果，第 1 章由张小文撰写，第 2 章由陈丹撰写，第 3 章和第 4 章由刘柠撰写，第 5 章由杨琪撰写，第 6 章由黄春妍撰写，第 7 章和第 8 章由陈燕婷撰写，全书由向阳审校。在此向所有参与创作的伙伴表示衷心的感谢。

最后，非常感谢一直关注并支持我们的读者，希望这本书能够帮大家了解、学会公文写作，从敢写逐渐转变为会写、擅写。如果您希望获得更多的帮助，可以通过微信公众号"总助能量站"与我们联系，我们将为您提供更加丰富的资源和服务。

张小文

2024 年 12 月于北京

目录 >>>

公文写作基础与
法定公文写作

第1章

公文写作基础

1.1 公文的分类和特点

从广义上说，公文可分为法定公文和非法定公文。其中，非法定公文又可分为事务类公文、会议类公文、规章类公文、经济类公文、书信类公文、礼仪类公文等，如表 1-1 所示。

表 1-1 公文的分类

类别		细类
法定公文		决议、决定、命令、公报、公告、通告、意见、通知、通报、报告、请示、批复、议案、函、纪要
非法定公文	事务类	规划、计划、安排、总结、声明、启事、简报、述职报告
	会议类	讲话稿、开幕词、闭幕词、演讲稿、会议记录、心得体会
	规章类	章程、条例、办法、规定、细则、守则、制度
	经济类	市场调研报告、商业计划书、可行性分析报告、广告文案、招标书、投标书、合同、清算报告、破产申请书
	书信类	证明信、介绍信、推荐信、感谢信、公开信、慰问信、表扬信、批评信、倡议书
	礼仪类	邀请书、颁奖词、欢迎词、欢送词、祝酒词、答谢词、贺信、贺电
	条据类	留言条、请假条、借条、收条、欠条、发条、领条

（续表）

类别		细类
非法定公文	贸易类	意向书、询价函、报价函、订购函、催款函、索赔函、理赔函
	法律类	起诉状、上诉状、申诉状、答辩状、委托书、担保书

在学习公文写作时，要注意区分法定公文和非法定公文。法定公文写作讲究实事求是、准确规范、精简高效、安全保密。在内容上，法定公文不需要过多的文采，不抒情、不渲染，把要表达的事情说清楚就可以了；在格式上，法定公文有严格的要求，从用纸、印刷到排版，都必须符合相关要求。

相较而言，非法定公文的发挥空间要大得多。在内容上，不同类型的非法定公文各有特点，比如，演讲稿要声情并茂、文采飞扬，邀请书要情真意切、诚恳真挚；在格式上，非法定公文只需要参考法定公文的大概框架和结构即可，没有像法定公文一样严格的要求。尤其是在企业里面，领导往往更看重公文的内容和流转效率，而非格式。很多企业会建立内部专用的公文模板库，员工写公文时只需要"填空"，专注于提升内容质量，而不用在格式设置和调整上花费精力。

法定公文与非法定公文的特点对比如表 1-2 所示。

表 1-2　法定公文与非法定公文的特点对比

类型	作者	主要性质	格式规范	处理程序
法定公文	特定	权威性	严格	系统
非法定公文	广泛	事务性	灵活	简便

（1）法定公文的作者必须是法定作者，如某机关、某机关的领

导人、某社会组织或某企事业单位。虽然大部分法定公文都是由秘书或助理等人员起草的，但一般不会在公文末尾署起草人的名字，因为绝大部分法定公文只能以法定作者的名义对外签发，一小部分则以机关领导人的名义对外签发。非法定公文则不一定有作者，作者既可以是某个组织或团体，也可以是个人。例如，通知一般以组织的名义对外发布，而述职报告既可以由某组织向其上级组织发，也可以由组织内的某个人向其领导发。

（2）法定公文具有权威性，受文单位必须执行或参考。非法定公文则具有较强的事务性，一般是"因事而制"，主要用于开展某项工作，或者推进、协调、沟通某项具体任务。

（3）法定公文的格式有严格要求，不管用纸、印装、文面格式，还是写什么、怎么写、用哪个文种，都有相关的要求。非法定公文则灵活得多，一般按照组织内部或个人的习惯写就可以了。正因为法定公文有严格、固定的格式要求，所以只要学会了怎么写，以后就可以套用模板。而大部分非法定公文对行文逻辑、文笔、问题分析角度和深度等都有一定的要求，所以写作难度比较高。

（4）法定公文必须经过草拟、审核、签发、复核、缮印、用印、登记等发文流程才能对外分发，收文时则要经过签收、登记、审核、拟办、批办、承办、催办等流程。非法定公文的收发流程则简便得多，更重要的是保证便利性和效率。

2012年，中共中央办公厅、国务院办公厅联合印发《党政机关公文处理工作条例》，其中列出了15种公文，包括决议、决定、命令、公报、公告、通告、意见、通知、通报、报告、请示、批复、议案、函、纪要。狭义上的公文就是指这15种法定公文。

虽然《党政机关公文处理工作条例》是党政机关的工作规范，

但它对企业也有很大的参考价值。一方面，企业在内部使用公文时，可以参考法定公文的格式及相关要求；另一方面，当企业向相关政府部门行文时，必须遵循法定公文的格式及相关要求。在 15 种法定公文中，企业常用的有决议、决定、公告、通知、通报、纪要等。

15 种法定公文在党政机关和企业中的应用有一定的差异，如表 1-3 所示。

表 1-3　15 种法定公文在党政机关和企业中的应用对比

文种	在党政机关中的应用	在企业中的应用
决议	公布会议讨论通过的重大决策事项	股东大会、董事会
决定	• 对重要事项或重大行动做出安排、决策和部署 • 奖惩有关单位及人员 • 变更或撤销下级机关不适当的决定事项	• 做出重大决策，发布关于重要问题的决定 • 任免决定、机构设置决定等 • 做出重要奖惩，发布表彰或处分决定
命令	• 公布行政法规和规章 • 宣布实施重大的强制性行政措施 • 嘉奖有关单位及人员	不适用
公报	发布重大事件、重要决定	不适用
公告	向国内外公布重要事项、法定事项	对内对外发布重要事项，如企业发行股票、债券等
通告	公布社会各有关方面应当遵守或周知的事项	一般用公告，较少用通告
意见	• 对重要问题提出见解和处理办法，可上行、下行、平行	很少用
通知	• 批转下级机关的公文 • 转发上级机关和不相隶属机关的公文 • 传达要求下级机关办理的事项 • 传达需要有关单位周知或执行的事项	常用文种，适用于安排工作、告知事项、召开会议、任免人员、交流活动等

（续表）

文种	在党政机关中的应用	在企业中的应用
通报	• 表彰先进、批评错误 • 传达重要精神 • 告知重要情况	内部年度表彰、一般性批评
报告	• 下级机关向上级机关汇报工作、反映情况 • 答复上级机关的询问	常用文种，使用要求类似
请示	下级机关就某一具体工作事项或问题向上级机关请求指示、帮助或批准	
批复	答复下级机关请示事项	
议案	各级人民政府按照法律程序向同级人民代表大会或人民代表大会常务委员会提请审议事项	提请股东大会、董事会表决重要事项
函	• 无隶属关系的机关之间联系、商洽工作 • 询问或答复问题、请求批准 • 答复审批事项	向政府机关去文时用函，有时为了尽快完成审批，也可以用请示
纪要	记载、传达会议主要情况和议定事项	常用文种，使用要求类似

公文有多种分类方式（见图 1-1），按性质可分为法定公文和非法定公文，按机密程度可分为绝密公文、机密公文、秘密公文和普通公文，按时间紧急程度可分为特急件、急件和平件，按行文方向可分为上行文、下行文和平行文。

上行文是下对上发出的公文，如报告、请示等。下行文是上对下发出的公文，如通知、通报、意见、批复等。平行文是同级单位之间的往来公文，同系统或不同系统都可以，如函（见图 1-2）。

性质	机密程度	时间紧急程度	行文方向
法定公文	绝密公文	特急件	上行文
非法定公文	机密公文	急件	下行文
	秘密公文	平件	平行文
	普通公文		

图 1-1　不同的公文分类方式

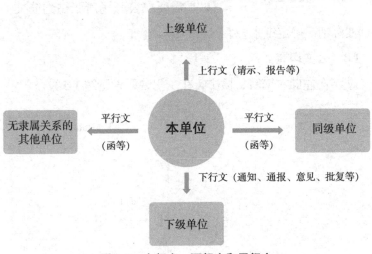

图 1-2　上行文、下行文和平行文

1.2　公文的通用格式

1. 公文的通用格式及要素

2012 年 7 月 1 日实施的《党政机关公文格式》(GB/T 9704—2012)明确规定了法定公文的通用格式,对纸张、印刷、公文各要素排列顺序等均提出了细致的要求。

（1）公文用纸

公文用纸的要求涉及纸张定量、纸张白度、横向耐折度、不透明度、pH 值等（见图 1-3）。

```
纸张定量为 60g/m² ~ 80g/m²
用胶版印刷纸或复印纸
纸张白度为 80%~90%
横向耐折度 ≥ 15 次
不透明度 ≥ 85%
pH 值为 7.5~9.5
```

图 1-3 用纸要求

（2）纸张大小

纸张常用 A4 规格（见图 1-4）。如果是需要在公开场所张贴的公文，可根据实际情况确定纸张大小。

（3）公文印装

文字自左向右横写、横排，在左侧装订（见图 1-5）。

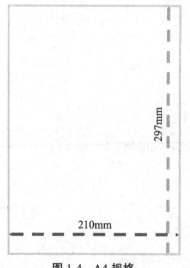

图 1-4 A4 规格

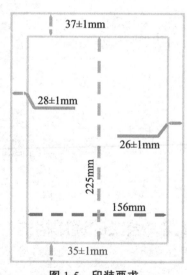

图 1-5 印装要求

（4）行数和字数

一般每页排 22 行，每行排 28 个字。如果有特殊情况，可适当调整。

（5）文面格式

文面是指公文的规格样式，它有标准、固定的格式。使用标准格式主要有两个好处：一是可以统一形象，体现公文的庄重性和权威性，比如，红头文件要使用统一的红头版式；二是便于后续查找，比如，公文写份号、发文字号便于归档，后续需要查阅时，依照发文字号可以很快找到需要的公文。

文面可分为版头、主体、版记和版心外，这 4 个部分又可细分为 18 个要素，包括份号、密级和保密期限、紧急程度、发文机关标志、发文字号、签发人、标题、主送机关、正文、附件说明、发文机关署名、成文日期、印章、附注、附件、抄送机关、印发机关和印发日期、页码（见表 1-4）。

表 1-4　公文的 18 个要素

序号	部分	要素	序号	部分	要素
1	版头	份号	10	主体	附件说明
2		密级和保密期限	11		发文机关署名
3		紧急程度	12		成文日期
4		发文机关标志	13		印章
5		发文字号	14		附注
6		签发人	15		附件
7	主体	标题	16	版记	抄送机关
8		主送机关	17		印发机关和印发日期
9		正文	18	版心外	页码

这些要素有各自的格式要求，写在什么位置、用什么字体、用多大的字号、用哪种颜色等都有细致的规定，全部记住确实有一定的困难。如果你希望提高工作效率，可以参考图 1-6 所示的公文通

用模板，需要的时候直接套用。

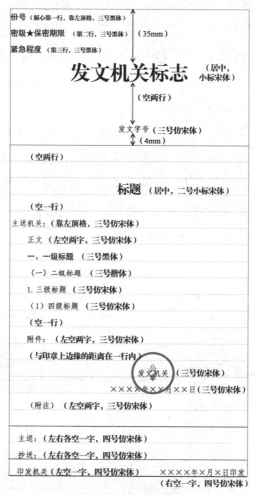

图1-6　公文通用模板

2. 版头

版头的要素包括份号、密级和保密期限、紧急程度、发文机关标志、发文字号、签发人，如图1-7所示。

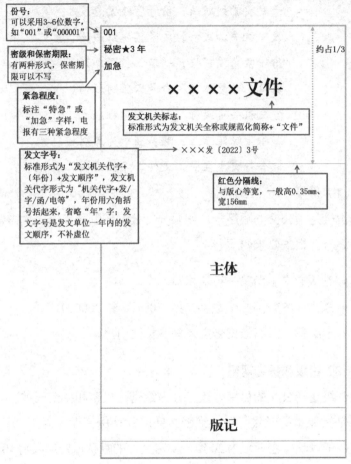

份号：
可以采用3~6位数字，如"001"或"000001"

密级和保密期限：
有两种形式，保密期限可以不写

紧急程度：
标注"特急"或"加急"字样，电报有三种紧急程度

发文字号：
标准形式为"发文机关代字+〔年份〕+发文顺序"，发文机关代字形式为"机关代字+发/字/函/电等"，年份用六角括号括起来，省略"年"字；发文字号是发文单位一年内的发文顺序，不补虚位

001

秘密★3年

加急

×××文件

发文机关标志：
标准形式为发文机关全称或规范化简称+"文件"

×××发〔2022〕3号

约占1/3

红色分隔线：
与版心等宽，一般高0.35mm、宽156mm

主体

版记

图 1-7　版头各要素

版头一般占据文件首页的三分之一，用红色分隔线与主体隔开。红色分隔线在发文字号下 4mm 处，与版心等宽，一般高 0.35mm、宽 156mm。

记忆口诀

上为版头下版记，中间最多为主体。

三者红线来分开，页码最底莫忘记。

六种要素列版头，份号密级紧急度。

发文机关加文件，文号签发红线堵。

份密紧急左顶格，一二三行顺序列。

密急三号黑体字，份号六位阿拉伯。

发文机关可简称，小标宋体红颜色。

版心上缘距三五，醒美庄重为原则。

联合行文主在前，文件二字放右侧。

（1）份号

份号是指公文的顺序号，如果一份公文印制了多份，就需要给文件编号。相关要求如下。

- 在版心左上角第一行顶格写。
- 采用 3~6 位阿拉伯数字，如"001"或"000001"。
- 非必需，只有涉密公文才需要标注份号。

（2）密级和保密期限

密级是指公文的秘密等级，分为绝密、机密和秘密三种。保密期限是指保密的时效长短。绝密文件的默认保密期限为 30 年，机密文件的默认保密期限为 20 年，秘密文件的默认保密期限为 10 年。相关要求如下。

- 在份号的下一行，版心左上角第二行顶格写。
- 用三号黑体字。
- 不写保密期限时，"密级"二字之间空一字。
- 写保密期限时，用"★"把密级与保密期限隔开，如"秘密★3 年"，"密级"二字之间不留空。

（3）紧急程度

紧急程度是指对公文送达和办理的时限要求。相关要求如下。

- 在密级和保密期限的下一行，版心左上角第三行顶格写。
- 用三号黑体字。
- 紧急公文标注"特急"或"加急"字样，以电报形式发出的标注"特急""加急"或"平急"。

份号、密级和保密期限、紧急程度并非每份公文都需要写，例如，只有秘密文件才需要标注密级。这三个要素依次排在版心左上角的前三行，当其中一个要素不写时，其他要素顺位补上即可（见表 1-5）。

表 1-5　份号、密级和保密期限、紧急程度的格式

组合方式	格式	示例
份号 密级和保密期限 紧急程度	字间不空格	份号→000001 密级和保密期限→秘密★3年 紧急程度→加急
份号 密级 紧急程度	紧急程度与密级一样，字间空一字	份号→000001 密级→秘密 紧急程度→加急
份号 紧急程度	紧急程度位于第二行，字间空一字	份号→000001 紧急程度→加急
紧急程度	位于第一行，字间空一字	紧急程度→加急

（4）发文机关标志

相关要求如下。

- 上边缘至版心上边缘的距离应为 35mm，正好可以标注份号、密级和保密期限、紧急程度。
- 用小标宋体字，字号可根据发文机关需要自行设定，但不可超过 22mm × 15mm。
- 标准格式：用发文机关全称或规范化简称加"文件"二字（见图 1-8）。

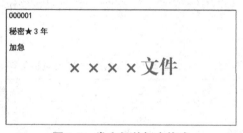

图 1-8　发文机关标志格式

- 如果是多单位联合发文，可以只标注主办机关，或者分行标注，主办机关在上、联合机关在下。如果有"文件"二字，发文机关应上下居中排列对齐，"文件"二字放在右侧（见图 1-9）。

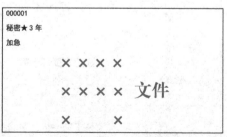

图 1-9　发文机关标志格式（多单位联合发文）

- 特定公文可省略

"文件"二字，如函（见图 1-10）。

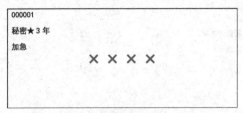

图 1-10　发文机关标志格式（函）

- 与函不同，命令、会议纪要除了要省略"文件"二字，还要加上文种。通用格式为"×××× 命令"（见图 1-11）、"×××× 会议纪要"（见图 1-12）。

图 1-11　发文机关标志格式（命令）

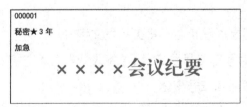

图 1-12　发文机关标志格式（会议纪要）

（5）发文字号

发文字号是一个机关发文的顺序号，给公文编号是为了方便日后查阅和管理。相关要求如下。

- 平行文或下行文：在标题下面空两行居中（见图1-13）。

图 1-13 发文字号格式（平行文或下行文）

- 上行文：左空一字写发文字号，右侧对称位置右空一字写签发人（见图1-14）。

图 1-14 发文字号格式（上行文）

- 联合行文时使用主办机关的发文字号。
- 发文字号用三号仿宋体，"签发人"三个字用三号仿宋体，具体姓名用三号楷体。
- 形式：发文机关代字 +〔年份〕+ 发文顺序号（见表1-6）。
- 发文机关代字：机关代字 + "发""字""函""电"等。
- 年份用六角括号括起来，省略"年"字，如"〔2022〕"。
- 发文字号是发文机关一年内的发文顺序，不补虚位，例如，第三份文件应该是"3 号",而不是"03 号"。

- 企业可以自拟代字,比如,"恒司人字〔2022〕5 号"指 2022 年恒太公司人事部发出的第五份文件。

表 1-6　发文字号格式

错误示例	错误原因	正确形式	完整的正确形式
〔22〕	年份没有写全	〔2022〕	×××发〔2022〕1 号
〔2022 年〕	没有省略"年"字		
【2022】	不用【】		
(2022)	不用( )		
第 1 号	前面不加"第"字	1 号	
001 号	不补虚位		

(6) 签发人

相关要求如下。

- 上行文要标注签发人,以便上级机关询问。签发人指发文机关主要负责人。
- 签发人在发文机关下空两行,右空一字,在发文字号同一行右侧对称位置,发文字号在左侧空一字位置。
- 形式:签发人 + 全角冒号 + 签发人姓名。
- 一行最多放两个签发人,当签发机关多于两个时,需要换行,每行签发人姓名的第一个字要对齐,发文字号和最后一个签发人姓名在同一行(见表 1-7)。
- 签发人姓名之间空一字,姓名若是两个字,中间应空一字。

表 1-7　签发人格式

签发人数量	签发人姓名字数	示例	
1个	2个字	（左空一字，三号仿宋体） ×××发〔2022〕3号	（右空一字，"签发人"用三 号仿宋体，名字用三号楷体） 签发人：张三
2个	3个字	×××发〔2022〕3号	签发人：张三三　李四四
3个	3个字	×××发〔2022〕3号	签发人：张三三　李四四 王五五
	2个字+3个字	×××发〔2022〕3号	签发人：张三三　李四四 王　五
4个	2个字+3个字	×××发〔2022〕3号	签发人：张三三　李四四 王　五　赵六六

3. 主体

主体的要素包括标题、主送机关、正文、附件说明、发文机关署名、印章、成文日期、附注、附件，用一条和前面红色分隔线等宽的黑色分隔线与版记隔开（见图 1-15）。

（1）标题

相关要求如下。

- 在红色分隔线下空二行的位置居中排列。
- 用二号小标宋体。

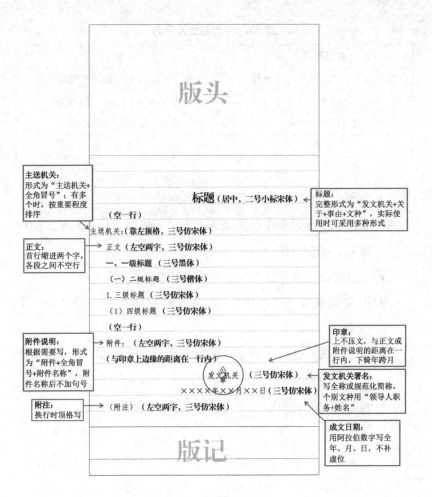

图 1-15　主体各要素

- 完整形式为"发文机关＋关于＋事由＋文种",实际使用时既可以使用完整形式,如"××公司关于新产品的营销方案",也可以只有事由和文种,如"关于×××同志任命的通知",或者只有发文机关和文种,如"中华人民共和国主席令",还可以直接写文种,如"通知"(见表 1-8)。

表 1-8　标题形式及示例

标题形式	示例
发文机关＋关于＋事由＋文种	××公司关于新产品的营销方案
事由＋文种	关于×××同志任命的通知
发文机关＋文种	中华人民共和国主席令
文种	通知

- 多单位联合发文时，各机关名称之间空一字。
- 事由部分出现多个机关或人名时，各机关名称、人名之间用顿号，不用空格。
- 发文机关不多于三个时，列出所有机关名称。
- 发文机关多于三个时，可以省略部分机关，用"等"字概括。
- 除了法律、法规、规章可以加书名号，标题中不可以使用其他标点符号。
- 标题较长时，可以分多行居中排列（见图 1-16）。

图 1-16　长标题的各种排列方式

（2）主送机关

相关要求如下。

- 在标题下空一行居左顶格写；如果主送机关多到一行写不下，回行时仍然要顶格写。
- 用三号仿宋体。
- 形式：主送机关＋全角冒号。
- 用全称或规范化简称或同类型机关统称，如"各区、县政府"。
- 主送机关一般按重要程度排序。
- 同类型机关之间用顿号，如"各省、自治区、直辖市人民政府"；不同类型机关之间用逗号，如"中央和国家机关各部委，各单位，各人民团体"。
- 除了直接面向社会的公告、公报、通知等，一般公文都要写主送机关。
- 上行文原则上只能有一个主送机关。

（3）正文

正文是公文的主要部分，用来表达发文机关的主要意图。相关要求如下。

- 在主送机关的下一行写正文，每个自然段首行缩进两个字，各自然段之间不空行。
- 正文部分的标题最多分为四级，即"一、""（一）""1.""（1）"，依次用黑体、楷体、仿宋体、仿宋体（见图 1-17）；如果不够四级，一般使用一级和三级标题，可以跳用，不能逆用。

- 正文用三号仿宋体。
- 涉及附件时应加括号注明，如"（见附件）"或"（附后）"等。

图 1-17　正文各级标题字号

（4）附件说明

根据需要添加附加说明，既可以加，也可以不加。常见的附件说明有两类：一类是对正文的补充、说明或正文的参考材料，如图表、其他文字材料等；另一类是专门用来上报或下发的附件，包括"批转""转发""印发"的文件和随文颁发的制度、办法、规章等。

- 在正文下空一行写附件说明，左空两字。
- 用三号仿宋体。
- 形式：附件＋全角冒号＋附件名称。
- 附件名称后不加标点符号。
- 如有多个附件，用数字标注顺序号，顺序号后面用小圆点。
- 附件名称较长需换行时，应与上一行附件名称首字对齐（见表 1-9）。

表 1-9 附件说明格式

附件数量	附件名称长度	示例
一个	不换行	附件：××××××
	换行	附件：×××××××××××××××××××× ××××××
多个	不换行	附件：1.×××××× 　　2.×××××× 　　3.××××××
	换行	附件：1.×××××××××××××××××××× 　　××××××× 　　2.×××××× 　　3.××××××

（5）发文机关署名

发文机关署名必须写全称或规范化简称。公文一般以发文机关名义签发，个别以领导人名义签发的文种应由本人在落款处签名或加盖签名章。

（6）成文日期

成文日期一般位于正文右下方，用阿拉伯数字写全年、月、日，不补虚位。例如，"3月"不用写成"03月"。

需要盖章的，右空四字（印章不能超出版心，要为印章预留位置）；不需要盖章的，右空两字。

会议通过的决定、决议，在标题之下、正文之前注明会议名称和通过日期。一般公文以领导人的签发日期为准，联合公文以最后签发机关领导人的签发日期为准。

（7）印章

大部分公文都要盖章（见表1-10），少数特殊情况除外。

表 1-10　盖章与不盖章的公文（部分）

公文类型	是否盖章
命令、议案	不盖机关印章，由领导人签署姓名或盖领导人签名章
经法定会议表决通过的决议	不盖章
其他渠道形成的决议	盖章
简报式会议纪要	不盖章
文件式会议纪要	盖章
联合上报的公文	主办机关盖章
联合下发的公文	发文机关都要盖章

① 加盖印章的公文（发文机关署名位置由成文日期决定，成文日期位置由印章大小决定）

a. 单独行文

● 在正文或附件说明右下方写发文机关名称、成文日期并盖章。

● 成文日期一般右空四字（给印章留出位置），上边缘距离正文或附件说明多少行由印章大小决定。只要能确保成文日期处于印章中心偏下的位置即可，印章上边缘与正文或附件说明的距离控制在一行内。

● 发文机关署名在成文日期的上一行，以成文日期为准，居中对齐（见图 1-18）。

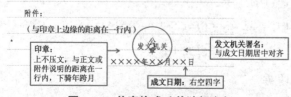

图 1-18　盖章格式（单独行文）

b. 联合行文

- 首排印章上边缘与正文或附件说明的距离控制在一行内。

- 最后一个印章要居中下压发文机关署名和成文日期。

- 两个机关联合发文时，印章上边缘对齐，相互不接触（见图 1-19）。

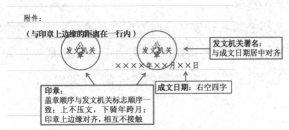

图 1-19　盖章格式（两个机关联合行文）

- 超过两个机关联合发文时，注意每排最多三个印章，两端不超出版心。印章之间不重叠、不接触，每个印章与对应的发文机关署名居中对齐（见图 1-20）。

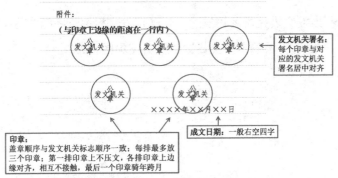

图 1-20　盖章格式（超过两个机关联合行文）

- 发文机关署名排列顺序应与发文机关标志排列顺序保持一致。

② 不加盖印章的公文

a. 单独行文

- 在正文或附件说明下空一行写发文机关署名，再下一行写成文日期。
- 发文机关署名和成文日期的位置相对固定，整体上与边缘有两字的距离。
- 发文机关署名和成文日期的相对长度会影响二者位置。
- 当发文机关署名较短时，先确定成文日期的位置（右空两字），再确定发文机关署名的位置（见图 1-21）。

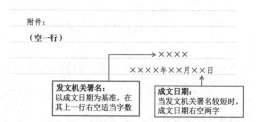

图 1-21　不盖章格式（单独行文且发文机关署名较短）

- 当发文机关署名较长时，先确定发文机关署名的位置（右空两字），再确定成文日期的位置（见图 1-22）。

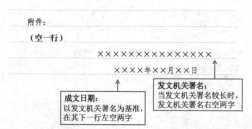

图 1-22　不盖章格式（单独行文且发文机关署名较长）

b. 联合行文

- 先写主办机关，再依次列出其余发文机关，其余发文机关与主办机关左右两端对齐。
- 发文机关署名和成文日期的相对长度会影响二者位置，相关要求与单独行文时一样（见图 1-23 和图 1-24）。

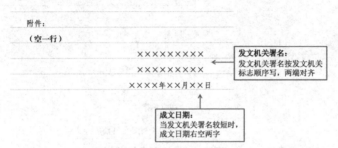

图 1-23　不盖章格式（联合行文且发文机关署名较短）

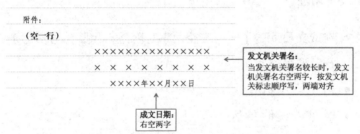

图 1-24　不盖章格式（联合行文且发文机关署名较长）

- 其他格式与单独行文时一样。

③加盖签名章的公文

- 在正文或附件说明下空两行、右空四字盖签发人签名章。
- 在签名章左空两字写签发人职务。
- 签名章下空一行右空四字写成文日期（见图 1-25）。

- 联合行文时，一个单位占一行，先盖主办机关签发人签名章，其余发文机关的签发人职务、签名章要与主办机关的签发人职务、签名章上下对齐。

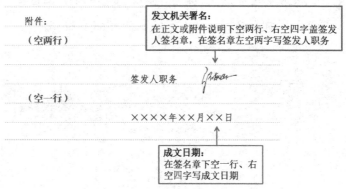

图 1-25　签名章格式

（8）附注

- 在成文日期的下一行左空两字写附注，用圆括号括起来，换行时要顶格写。

- 用三号仿宋体。

- 既可以说明传达范围，如"此件发至县级""此件公开发布"（见图 1-26）；也可以说明联系人和联系电话（见图 1-27）。

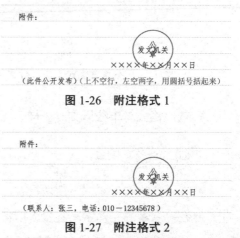

图 1-26　附注格式 1

图 1-27　附注格式 2

（9）附件

- 附件既可以和正文装订在一起，也可以不和正文装订在一起。
- "附件"两个字及附件顺序号在版心左上角第一行顶格写，用三号黑体。
- 附件标题在版心第三行居中位置。
- 其他格式参考正文。

4. 版记

版记用一条黑色分隔线与主体隔开，这条分隔线与版头部分的红色分隔线等高等宽（高 0.35mm，宽 156mm），只有颜色不一样。

版记包括抄送机关、印发机关和印发日期等要素。版记中其他要素与印发机关和印发日期之间需要添加一条细分隔线（高 0.25mm，宽 156mm）。版记中最后一个要素之下也有一条黑色分割线（高 0.35mm，宽 156mm），该分隔线与公文最后一页的版心下边缘重合（见图 1-28）。版记必须写在偶数页上，即便公文很短，第一页就可以放下全部内容，版记也必须写在第二页。

（1）抄送机关

相关要求如下。

- 主送机关与抄送机关的格式一样，二者之间不加分隔线。
- 左右各空一字。
- 用四号仿宋体。
- 完整形式为"抄送 + 冒号 + 各抄送机关"，各机关之间用顿号（同一系统）或逗号（不同系统）分隔，换行时与冒号后的第一个抄送机关首字对齐，最后用句号结尾。

图 1-28　版记各要素

- 各机关名称应该使用全称或规范化简称或统称。
- 按照上级机关、同级机关、下级机关的顺序排列。

（2）印发机关和印发日期

相关要求如下。

- 印发机关指公文的印制部门，不一定是发文部门。
- 印发日期是接稿后送去印刷的时间，法定公文的处理程序较长，成文日期与印发日期常有时间差。
- 印发机关和印发日期都写在抄送机关下一行，印发机关居左，印发日期居右。
- 印发机关和印发日期都用四号仿宋体。
- 印发机关左空一字，用机关全称或规范化简称。
- 印发日期右空一字，用阿拉伯数字写全年、月、日，后面加"印发"二字。

5. 版心外

页码放在版心外，也有固定的格式要求。

- 页码两边各空一字，左右各加一条线"–"，线与版心下边缘的距离是 7mm。
- 一般用四号半角宋体阿拉伯数字。
- 奇数页和偶数页页码标注形式不同（见图 1-29 和图 1-30）。

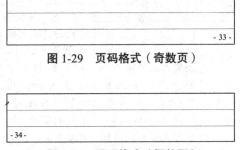

图 1-29　页码格式（奇数页）

图 1-30　页码格式（偶数页）

- 附件和正文装订在一起时，附件页码接着正文页码；不装订在一起时，附件独立编页码。

6. 三种公文的特殊格式

函、命令和纪要这三种公文的格式与其他公文的格式有所不同（见表 1-11 和图 1-31、图 1-32、图 1-33）。

表 1-11　函、命令、纪要格式与一般公文格式的对比

部分及分隔线	要素	函	命令	纪要
分隔线	版头分隔线	变为红色双线，粗线为 2 磅，细线为 0.75 磅，宽 170mm；版头处上粗下细，距发文机关标志 4mm；版记处上细下粗，距下边缘 20mm；仅首页有分隔线	无此要素	版头分隔线变为黑色，其他不变
	版记分隔线			
版头	份号	格式不变，位置调整到红色双线下方		不变
	密级和保密期限			
	紧急程度			
	发文机关标志	变成首页的第一个要素；距上边缘 35mm，居中对齐；用红色小标宋体，字号无要求；后面不加"文件"二字	形式为"发文机关全称＋命令／令"；距版心上边缘 20mm；用红色小标宋体，字号无要求；联合发文时，发文机关分行写且两端对齐；"命令／令"居右侧且上下居中	形式为"×××× 纪要"，不加"文件"二字；距版心上边缘 35mm；推荐使用红色小标宋体，字号无要求

（续表）

部分及分隔线	要素	函	命令	纪要
版头	发文字号	居右顶格编排，与份号在同一行，位于第一条红色双线下方	令号即发文字号，在发文机关标志下空两行写；形式为"第××号"，不编虚位	纪要编号即发文字号，在发文机关标志下空两行写；形式为"第××号"，不编虚位
版头	签发人	无此要素	无此要素	变成记录单位，左空一字
版心	标题	格式不变，位置下移，在紧急程度下空两行写标题	一般没有标题	纪要格式不绝对固定，可根据实际需要调整
版心	主送机关		仅嘉奖令有主送机关	
版心	正文		令号下空两行写正文	
版心	附件说明		无此要素	
版心	发文机关署名		不变	
版心	成文日期			
版心	印章			
版心	附注			
版心	附件			
版记	抄送机关	不变	无此要素	不变
版记	印发机关和印发日期	无此要素		
版心外	页码	第 1 页无页码，第 2 页开始写"- 2 -"		

纪要的格式比较特殊，需要写清楚参会人员、时间、地点等。

会议的种类繁多，各组织的会议形式也不固定，一种会议纪要格式很难满足所有组织的需求，所以各组织可以根据实际需要制定能满足自身需要的格式。

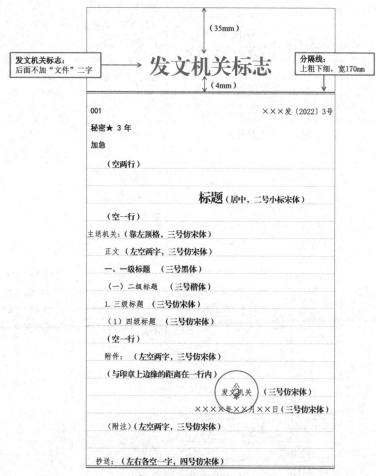

图 1-31　函通用格式

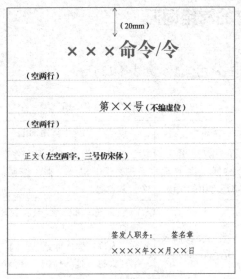

图 1-32　命令通用格式

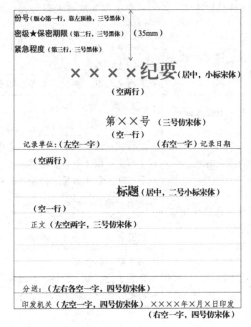

图 1-33　纪要通用格式

1.3 公文的常用词汇

公文有一些常用词汇，如表 1-12 所示。

表 1-12 公文的常用词汇

类别	作用	常用词汇
开头用语	公文开头叙述事实、交代根据、说明原因、陈述理由的用语	为、为了、为着、兹因、兹定于、由于、鉴于、关于、根据、据、按照、遵照、现将、今、随着等
称谓用语	对制文者、受文者及第三方的称呼	• 第一人称：我、本人、我单位、敝单位、我们 • 第二人称：你、你处、你们、贵方、贵公司 • 第三人称：他、他们、该公司、该项目、该通知
经办用语	表示工作处理进度	• 工作已经处理：经、业经、兹经等 • 工作正在处理或准备处理：现经、拟、责成等
递送用语	表示文、物等的递送方向	• 上行文：报、呈 • 平行文：送 • 下行文：发、颁发、发布、印发、下达
引述用语	引述来文内容或精神	• （前、现、近）接 • （近、敬、收）悉、据
期请用语	表达期望、请求	• 上行文：请（拟请、特请、恳请、报请） • 平行文：请（务请、即请）、盼（切盼） • 下行文：希（务希、尚希、希即）、望
表态用语	对所涉工作或事项表达态度	• 同意、照办、可行、准予 • 不同意、不可、不予、不准 • 迅即办理、现予（转发）
承启用语	承上启下用语	• 为（对、据）此 • 有鉴于此、综上所述、总而言之、由此可见 • 特批复如下、特函告如下

（续表）

类别	作用	常用词汇
结尾用语	表达愿望、强调内容	• 上行文：当（妥、可）否、是否可行 • 平行文：为盼、为荷、特此证明、此致敬礼 • 下行文：特此通知（通报、通告、公告、函复、函达）

1.4 公文的相关标准

公文的相关标准如表 1-13 所示，这些标准涵盖了纸张要求、印刷要求、公文中各要素要求等方面。初学公文写作时，如果不知道某种公文应该用什么字体、什么字号，或者标点应该怎么用、数字应该怎么写，可以参考这些标准。

表 1-13 公文的相关标准

类别	相关标准
公文处理流程	《党政机关公文处理工作条例》（中办发〔2012〕14 号）
公文格式	GB/T 9704—2012《党政机关公文格式》
标点符号	GB/T 15834—2011《标点符号用法》
数字格式	GB/T 15835—2011《出版物上数字用法》
幅面要求	GB/T 148—1997《印刷、书写和绘图纸幅面尺寸》
校对符号要求	GB/T 14706—1993《校对符号及其用法》
单位要求	GB 3100—1993《国际单位制及其应用》
计量单位要求	《中华人民共和国法定计量单位使用方法》（国家计量局于 1984 年 6 月 9 日发布）

法定公文的写作要求、相关标准是最详细也是最复杂的。很多

组织在参照这些要求实际写作和使用公文的过程中会逐渐形成本组织关于公文的规章制度和惯例，例如，企业为了追求效率，往往不太重视公文格式，更重视公文的内容质量。因此，我们在撰写公文时要入乡随俗，优先参照组织内部的相关制度、规定和惯例。

第**2**章
法定公文写作

2.1 公告

1. 公告的定义

根据《党政机关公文处理工作条例》，公告属于下行文，用于向国内外公布重要事项或法定事项。

重要事项是指国家机关的重要决策、国内外需要知晓的事项、对国内外有重大影响的事项或活动，如国家领导人选举、国家领导人出访等。

法定事项是指国家机关包括行政、立法、司法等机关向国内外宣布的重要事件，如颁布重要的法律法规、重要的决议决定等。

2. 公告的特点

公告具有严肃性，一般不轻易使用。一旦使用，就会引起世界各方的关注。公告属于普发性下行文，也属于公布性公文，具有限制性、公开性和约束性。

- 限制性：公告有严格的制发权限要求，可以发布公告的主要是高层的国家机关及其职能部门。层级较低的机关单位、社会团体、企事业单位都没有发布公告的权力。

- 公开性：一般公文需要先在系统内按层级流转，而公告不是主送给某个机关或个人，成文后一般不以红头文件的形式下发，而是直接通过报刊、电视、电台、网络平台等（一般不采用公开张贴的方式）向社会各界直接公布。

- 约束性：要求相关地区、部门或人员必须知晓，并且遵守公告中提出的要求，做到"知且行"。

3. 公告的要素与格式

公告主要包括标题、发文字号、正文、发文机关署名、成文日期五个要素（见图2-1）。

（1）标题

标题有以下两种形式。

- 两项式，即"发文机关＋文种"。公告通常比较短，因此两项式标题更常见。

- 三项式，即"发文机关＋关于＋事由＋文种"。当正文较长、发布的事项较复杂时，用三项式标题。

（2）发文字号

相关要求如下。

- 公告不是常规的带有固定版头的文件，所以发文字号不用标注机关代字等，在标题下居中标注序号"第××号"即可。

- 如果针对同一事件只发一次公告，就不用标注发文字号。如果是同一个发文机关在短时间内发布多份公告，就要标注发文字号。

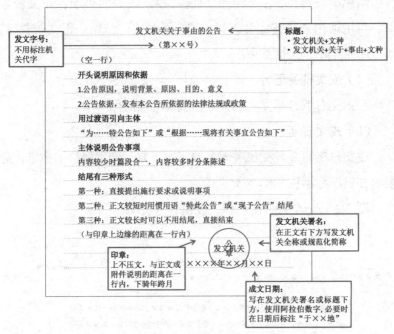

图 2-1　公告通用格式

（3）正文

正文一般分为开头、主体和结尾三个部分，公告行文一般言简意赅、简短精练。

开头说明发文的原因和依据，包括发布公告的背景、原因、目的，发布本公告所依据的法律法规或政策等。有时也会省略发文事由，直接交代事项。

从开头向主体过渡时，一般用"为……特公告如下"或"根据……现将有关事宜公告如下"作为过渡语。

主体是公告的核心部分，用来说明公告事项，内容要具体明确。内容较少时可以篇段合一；内容较多时要分条陈述，确保逻辑清晰、有条理。

结尾有三种形式：直接提出施行要求或说明事项；正文较短时，可用惯用语"特此公告"或"现予公告"结尾；正文较长时，可以不用结尾，直接结束。

（4）发文机关署名

在正文右下方写发文机关全称或规范化简称。

（5）成文日期

成文日期写在发文机关署名或标题下方，使用阿拉伯数字，必要时在日期后标注"于××地"。

图2-2是一个公告的范例，仅供参考。

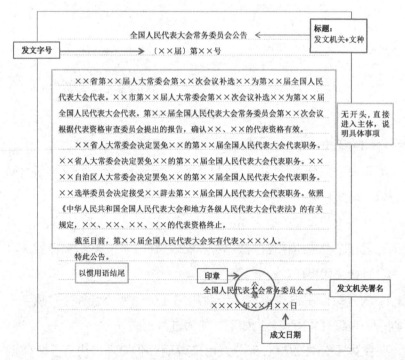

图 2-2　公告范例

4. 公告与公报的区别

公报和公告这两种公文都可以用于向国内外公布重要事项或重大事件，两者的发布形式也大致相同，都可以通过报刊、电视、电台、网络平台等发布，一般不公开张贴。它们之间的不同之处主要体现在表 2-1 所示的几个方面。

表 2-1　公告与公报的不同之处

不同之处	公报	公告
写作内容	重大事件、重要决定	重要事项、法定事项
写作风格	侧重于陈述内容，内容详细、篇幅较长	侧重于告知事项，内容精练、短小精悍

公报多用来公布重大事件，公告多用来公布重要事项。公布涉及全局的、具有国际影响的重大事件，多用公报，如国家领导机关发布外交、经济等方面的重大事件，通报外国元首或政府首脑来访情况及双方形成的共识等。公告发布的多为国家政治、经济等方面的重要事项，如重要会议、重大人事变动、重要科技成果等。

发布在会议上通过的重要决定或由组织决策者做出的重要决策用公报，根据法律法规发布法定事项用公告。

公报侧重于陈述事件的主要内容，内容往往比较详细，篇幅较长。公告侧重于直接告知具体事项，内容更加精练。

5. 公告在企业中的应用

企业在对外公布重要事项的时候常用公告（见图 2-3）。

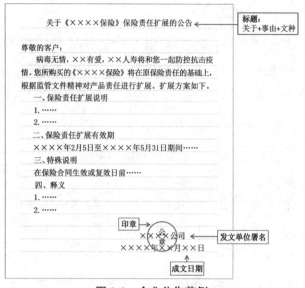

图 2-3　企业公告范例

2.2　通告

1. 通告的定义

根据《党政机关公文处理工作条例》，通告属于下行文，用于公布社会各有关方面应当遵守或周知的事项。通告的适用范围比较广，各级机关、企事业单位、社会组织等都常常使用。通告的传达方式、告知途径也很灵活，既可以通过电视、电台、报刊、公开张贴等方式公布，也可以通过一般发文渠道下发。

2. 通告的特点

通告属于普发性下行文，具有指向性、公开性和约束性。

- 指向性：发布要求一定范围内人员或单位知晓的事项。
- 公开性：通告不主送给某个机关或个人，而是以电视、电台、报刊、公开张贴等方式发布。
- 约束性：要求相关地区、部门或人员必须遵守。

3. 通告的要素与格式

通告主要包括标题、正文、发文机关署名、成文日期四个要素，有时还有附件说明（见图 2-4）。通告的发布形式非常多样，当采用报刊、公开张贴等方式发布时，不写主送机关。对内行文时，因为有明确的指向对象，所以需要加上主送机关。

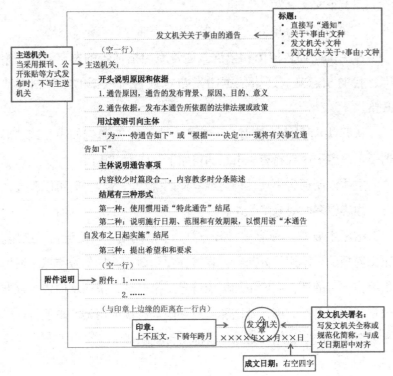

图 2-4　通告通用格式

（1）标题

标题有以下三种形式。

- 单项式：公共场合张贴的公告可以直接写"通告"。
- 两项式，即"关于＋事由＋文种"。如果发文机关级别较高，可以用"发文机关＋文种"这种形式。
- 三项式：公告比较重要时常常使用三项式标题，如果是对外发布的公告，应采用完整形式"发文机关＋关于＋事由＋文种"；如果是既要张贴又要下发的通告，标题下面还要加发文字号。

（2）正文

正文一般分为开头、主体和结尾三个部分。

开头说明通告原因和依据。通告原因指通告的发布背景、原因、目的和意义。通告依据指发布本通告所依据的法律法规或政策。

从开头向主体过渡时，一般用"为……特通告如下"或"根据……决定……现将有关事宜通告如下"作为过渡语。

主体说明通告事项，内容要具体明确。内容较少时可以篇段合一，内容较多时要分条陈述。

结尾主要有三种形式。第一种，以惯用语"特此通告"结尾。正文简短的，不用另外起行，直接在惯用语后面加句号结尾。惯用语单占一行的话，后面不加标点符号。第二种，说明本通告经批准公布施行的日期、施行范围和有效期限等，以惯用语"本通告自发布之日起实施"结尾。第三种，提出希望和要求。

（3）附件说明

如果有附件说明，可以直接附注在正文后面。

（4）发文机关署名

在正文右下方写发文机关全称或规范化简称。

（5）成文日期

成文日期写在发文机关署名或标题下方，使用阿拉伯数字。

4. 通告的分类

根据内容与用途，通告可以分为两类，即周知性通告和制约性通告。

（1）周知性通告

周知性通告用于公布公众应该知道的事项，主要目的是让受文人员了解相关情况，接收重要信息，受文人员"知"就可以了（见图 2-5），如"××××部关于注销××家企业跨地区××××业务经营许可证的**通告**"。

① 标题

当发文机关有多个时，按顺序逐一写明，用空格分开。

② 正文

正文一般分为以下三个部分。

- 开头：说明通告目的和依据。

- 主体：说明通告事项，包括要公布的情况、具体内容（对象、过程、结果、原因，政策的内容、实施时间、实施范围等）。

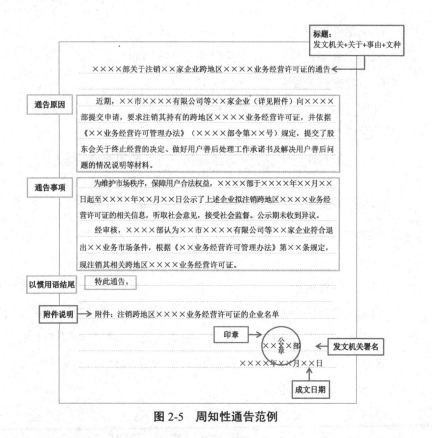

标题：
发文机关+关于+事由+文种

××××部关于注销××家企业跨地区××××业务经营许可证的通告

通告原因

近期，××市××××有限公司等××家企业（详见附件）向××××部提交申请，要求注销其持有的跨地区××××业务经营许可证，并依据《××业务经营许可管理办法》（××××部令第××号）规定，提交了股东会关于终止经营的决定、做好用户善后处理工作承诺书及解决用户善后问题的情况说明等材料。

通告事项

为维护市场秩序，保障用户合法权益，××××部于××××年××月××日起至××××年××月××日公示了上述企业拟注销跨地区××××业务经营许可证的相关信息，听取社会意见，接受社会监督。公示期未收到异议。

经审核，××××部认为××市××××有限公司等××家企业符合退出××业务市场条件，根据《××业务经营许可管理办法》第××条规定，现注销其相关跨地区××××业务经营许可证。

以惯用语结尾

特此通告。

附件说明

附件：注销跨地区××××业务经营许可证的企业名单

印章

××××部
公章

发文机关署名

××××年××月××日

成文日期

图 2-5　周知性通告范例

● 结尾：一般以惯用语结尾。

（2）制约性通告

制约性通告用于公布要求公众遵守的事项，这类通告与规章制度一样，要求受文范围内的单位和个人必须遵守，要求受文人员"知且行"（见图2-6），如"市场监管总局 工业和信息化部 交通运输部 应急部 海关总署关于试行汽车安全沙盒监管制度的**通告**"。

① 标题

当发文机关有多个时，按顺序逐一写明，用空格分开。

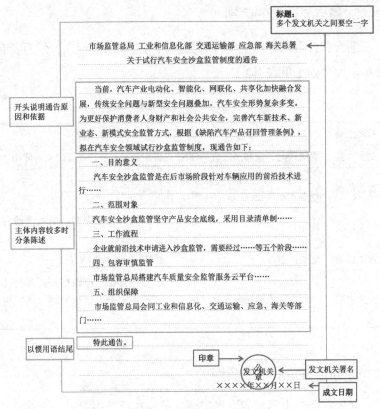

图 2-6　制约性通告范例

② 正文

正文一般分为以下三个部分。

- 开头：说明通告原因和依据。

- 主体：说明通告事项，详细说明具体要求、违规的处置办法和正式施行的时间、范围等，让有关人员清楚地知道能做什么、不能做什么、应该怎么做。

- 结尾：提出希望和要求，要求有关单位和个人吸取教训、引以为戒。

5. 通告与公告的区别

通告和公告都是用来向社会公布相关事项的下行文，但两者有很多不同之处（见表 2-2 ）。

表 2-2　公告与通告的不同之处

不同之处	公告	通告
发文机关	层级较高，党和国家机关使用	各层级机关及管理部门均可使用
传达范围	大于通告，面向国内外发布，越多人知道越好	面向国内发布
行文目的	周知	周知性通告是周知，制约性通告是"知且行"
表达风格	更加庄重	朴实易懂，少用术语
公文内容	只用惯用语结尾或没有结尾	内容更详细，篇幅更长；开头必须理由充分、目标明确；结尾更灵活

6. 通告在企业中的应用

通告在企业中不常用，当需要对外发布重要事项时，企业常用公告，而不是通告。

2.3　通知

1. 通知的定义

根据《党政机关公文处理工作条例》，通知主要用于批转下级机关的公文，转发上级机关和不相隶属机关的公文，传达要求下级机关办理和需要有关单位周知或执行的事项，任免人员等。通俗地说，通知的目的就是把指定事项传达给相关部门和个人，让他们根据通知内容落实执行。在实际工作中，通知的使用频率最高、发文量最大。当向下级安排任务、布置工作、安排活动、召开会议时，一般都要通过发通知来告知各方。通知与日常工作的联系非常紧密。作为秘书或助理，通知可谓"必修公文"之首。

2. 通知的特点

通知在下行文中的地位低于命令、决议、决定、指示等文种。也就是说，用它来发布的规章多是基层的、局部性的或非要害性的；用它来布置工作和传达指示，郑重程度不如决定、指示等。

通知具有以下几个特点。

- 时效性强。凡是下达的通知，受文单位及人员都要在一定时间范围内执行和办理，因此通知正文通常包含时间要素。撰写通知必须及时快速，以免贻误时机。
- 主题单一。通知恪守"一文一事"原则，一份通知只涉及一件工作、一个问题或一项活动。
- 意思明确、条理清晰。通知必须将相关事项说明清楚，以便受文单位及人员正确理解和执行，绝不能含糊其词、模棱两可，表达要准确，没有歧义；通知内容应当层次分明、条理清晰，使受文人员一目了然。
- 形式灵活。根据内容的繁简程度，通知的具体形式既可以多层多段，也可以篇段合一，比较灵活。

3. 通知的要素与格式

通知主要包括标题、主送机关、正文、发文机关署名、成文日期五个要素，有时还有附件说明和附注（见图2-7）。

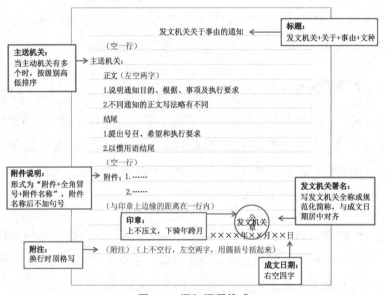

图 2-7　通知通用格式

（1）标题

标题的完整形式为"发文机关＋关于＋事由＋文种"。

（2）主送机关

当主送机关有多个时，按级别高低排序。

（3）正文

正文说明通知目的、依据、事项及执行要求。结尾可以用"特此通知"，写在正文结束后的下一行，前面缩进两个字，后面加句号。如有附件或附注，须标注清楚。

（4）发文机关署名

在正文右下方写发文机关全称或规范化简称。

（5）成文日期

成文日期写在发文机关署名下方，使用阿拉伯数字。

4. 通知的分类

根据内容与用途，通知可以分为以下六类。

（1）发布性通知

发布性通知用于印发本级机关各类规章制度，要写明规章制度名称及执行要求（见图 2-8），如"水利部关于**印发**河长湖长履职规范（试行）的通知"。

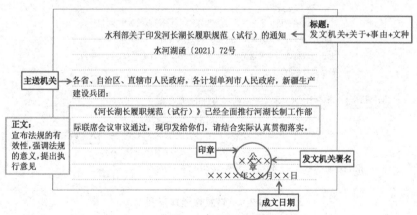

图 2-8　发布性通知范例

正文宣布规章制度的有效性，强调其意义，提出执行意见。

（2）转发性通知

转发性通知主要用来转发上级机关、同级机关或不相隶属机关的公文，要写明公文名称、转发态度、需要贯彻落实的要求等（见图 2-9），如"荆州市人民政府**转发**省政府关于进一步整顿土地市场秩序通知的通知"。

标题不能用双引号、方头括号等标点符号，如提及法律法规，可用书名号。

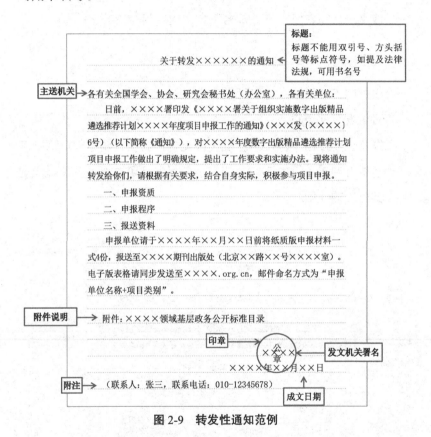

图 2-9　转发性通知范例

（3）批转性通知

批转性通知用来批转下级机关的公文，要写明对批转公文的立场态度、相关公文的意义作用、执行要求等（见图 2-10），如"国务院**批转**教育部关于 2017 年深化教育体制改革重点工作意见的通知"。

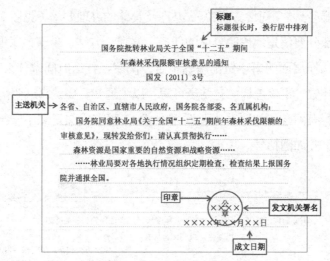

图 2-10 批转性通知范例

标题很长时，要换行居中排列，示例如下。

国务院批转林业局

关于全国"十二五"期间年森林采伐限额

审核意见的通知

或

国务院批转林业局关于全国"十二五"期间

年森林采伐限额审核意见的通知

批转与转发的区别在于，"批"有批示、批准的意思，因此批转只能对下级机关使用，对上级或不相隶属机关的公文则无权批转，只能转发。换句话说，批转方式只能由上级机关对下级机关使用；转发方式则既可以由上级机关对下级机关使用，也可以由下级机关对上级机关使用，还可以对不相隶属机关使用。

（4）指示性通知

指示性通知用于上级机关指示下级机关如何开展工作，发布要办理哪些具体事项、应该怎么办理及具体的办理要求（见图 2-11）。正文部分要清楚地说明具体的任务、要求、方法、步骤，侧重于对具体操作层面的事项做出明确规定，说明在什么时间做什么工作，该怎样做，不该怎样做；结尾可写"以上通知，望认真遵照执行"。

　　若有附注（如联系人及联系方式），写在成文日期下一行，左空两字并加圆括号。

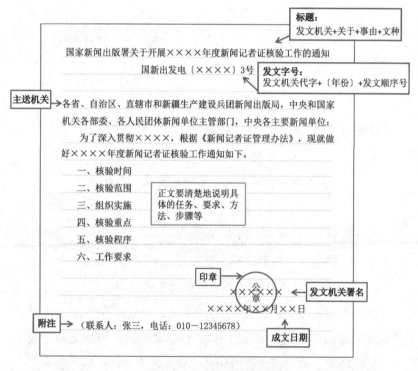

图 2-11　指示性通知范例

（5）任免性通知

任免性通知主要用于任免和聘用干部（见图 2-12）。

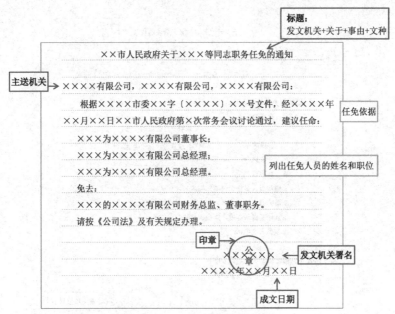

图 2-12　任免性通知范例

（6）事务性通知

事务性通知主要用来处理日常的事务性工作，如要求下级机关报送文件、召开会议、调整机构、安排节假日、变更电话号码等（见图 2-13）。正文部分要简明扼要地说明周知事项的具体内容。如果没有特殊要求，一般以"特此通知"结尾；如果前文已有类似的过渡词，可以省去结尾。

5. 通知在企业中的应用

通知在企业中是使用最广泛的公文之一，如培训通知、开会通知、活动通知、放假通知、防疫通知等。在企业中使用通知的时候，其格式更加灵活。不用担心自己写不好通知，照着模板把需要的元素都填写进去，就能写出一份合格的通知。

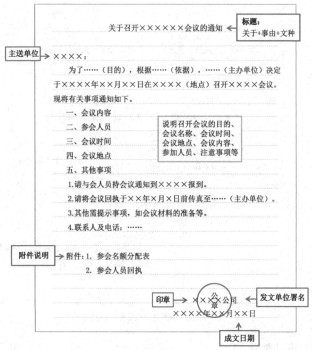

图 2-13　事务性通知范例

2.4　通报

1. 通报的定义

根据《党政机关公文处理工作条例》，通报属于下行文，用于表彰先进、批评错误、传达重要精神或告知重要情况。通报不是通知性的告知，而是带有扩散性、警示性、传播性的告知。

2. 通报的特点

通报属于普发性的下行文，具有典型性、时效性和客观性。

- 发通报是为了起到教育或警示作用，所以选取的案例一定要典型。

- 先进集体或个人的经验要及时推广，反面案例的批评处理要及时，重大事项或情况要及时公布，奖优罚劣都要快速。

- 通报内容一定要客观真实。选材要客观，数据要准确，评价要中肯，不能故意拔高或贬低。写批评性通报时，要多从可以改进的主观方面找原因，避免对客观原因过度着墨。

3. 通报的要素与格式

通报主要包括标题、主送机关、正文、发文机关署名和成文日期五个要素，有时还有附件说明（见图 2-14）。

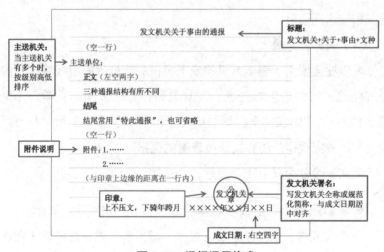

图 2-14　通报通用格式

（1）标题

标题的完整形式为"发文机关＋关于＋事由＋文种"。

（2）主送机关

当主送机关有多个时，按级别高低排序。

（3）正文

通报的类型不同，正文的内容也略有不同。结尾常用"特此通报"，也可省略。如果有附件，可以直接附注在正文后面。

（4）发文机关署名

在正文右下方写发文机关全称或规范化简称。

（5）成文日期

成文日期写在发文机关署名下方，使用阿拉伯数字。

4. 通报的分类

根据内容与用途，通报可以分为三类，即表彰性通报、批评性通报和传达性通报。

（1）表彰性通报

表彰性通报用于表彰本机关或下级机关的好人好事或推广宣传先进经验，目的是表彰先进、树立典型，号召大家向其学习（见图 2-15），如"国家安全监管总局关于给予参加青海玉树'4·14'地震抗震救灾救援队伍和指战员**表彰的通报**"。

正文一般分为以下四个部分。

- 表彰原因：概括被表彰单位或个人的先进事迹（时间、地点、人物、事件、原因、过程、成果等）或先进经验（背景环境、具体做法、经验总结等），说明在何时何地因何事受到表彰，以此作为发布本通报的依据。

- 表彰评价：概括被表彰事迹或经验的意义和价值，做出评价分析和积极肯定。

- 表彰决定：宣布奖励内容和决定，如"给予 ×× 奖金""授予 ×× 称号"等。
- 结尾：提出希望，号召有关单位和个人向被表彰者学习。

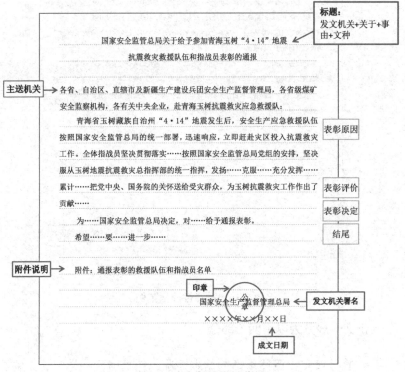

图 2-15 表彰性通报范例

（2）批评性通报

批评性通报用于批评本机关或下级机关犯的严重错误，目的是使人警醒，从中吸取教训（见图 2-16），如"国务院办公厅关于 ××、×× 省 × 起特大 ×××× 事故调查处理情况的**通报**"。

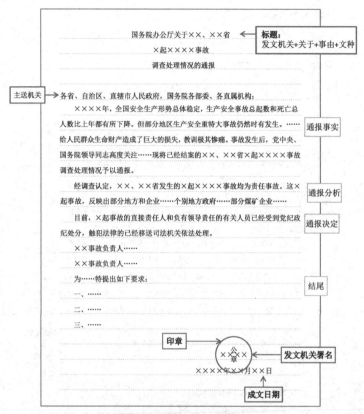

图 2-16　批评性通报范例

正文一般分为以下四个部分。

- 通报事实：概述事情的基本情况，包括时间、地点、人物、事件、原因、过程、成果等。

- 通报分析：对通报问题进行深入剖析，找出引发问题的主客观原因，深刻反省其性质和危害，提出防范类似事件再次发生的制度要求、改进措施及应当吸取的教训等。

- 通报决定：说明对问题的处理意见和决定，对受批评单位或个人提出具体、明确的处罚措施。

- 结尾：提出希望，要求有关单位和个人吸取教训、引以为戒。

（3）传达性通报

传达性通报用于传达重要精神或公布重要情况，以实现交流信息和指导工作的目的（见图 2-17），如"国家版权局关于 2021 年全国著作权登记情况的**通报**"。

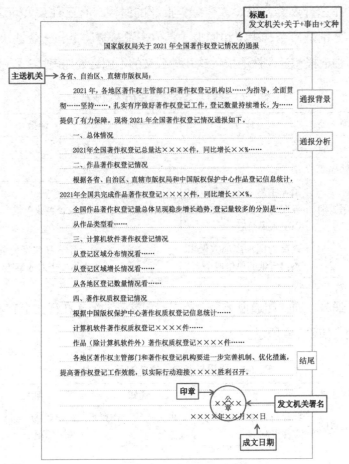

图 2-17　传达性通报范例

正文一般分为以下三个部分。

- 通报背景：阐述基本事实，说明发布通报的依据、目的等。
- 通报情况：介绍具体情况，传达相关信息。
- 结尾：提出希望和要求。

5. 通报与其他公文的区别

在进行嘉奖、表彰、奖惩、批评的时候，有三种公文可以使用，分别是命令、决定和通报，具体来说是嘉奖令、奖惩性决定、表彰性通报和批评性通报，这几种公文的不同之处如表 2-3 所示。

表 2-3　通报与命令、决定的不同之处

不同之处	命令	决定	通报
适用范畴	奖	奖惩	奖惩
奖惩程度	高	中	低
使用级别	国家主席、国务院、国务院各部委、地方县级以上人民政府	各级行政机关、部门及企事业单位	
奖惩内容	嘉奖为国家或地方做出杰出贡献的单位或个人	集体或个人	号召学习和宣传先进集体或个人的事迹

通告、通知和通报都是下行文，但这三种公文在行文上有不同之处，如表 2-4 所示。

表 2-4　通报与通告、通知的不同之处

不同之处	通告	通知	通报
行文目的	针对特定事项做出规定和限制	提出具体的工作要求或意见	提出表彰、批评或陈述情况

（续表）

不同之处	通告	通知	通报
受文单位	范围广，没有明确的受文对象	本机关或下级机关	本机关或下级机关
行文时间	事前	事前	事后
表达方式	直截了当，文字精练	直截了当，文字精练	要有一定的文采

6. 通报在企业中的应用

企业在内部表彰先进或进行一般性批评时会使用通报（见图 2-18）。

图 2-18　企业通报范例

2.5 意见

1. 意见的定义

根据《党政机关公文处理工作条例》，意见用于对重要问题提出见解和处理办法。

2. 意见的要素与格式

意见主要包括标题、主送机关、正文、发文机关署名和成文日期五个要素（见图 2-19）。

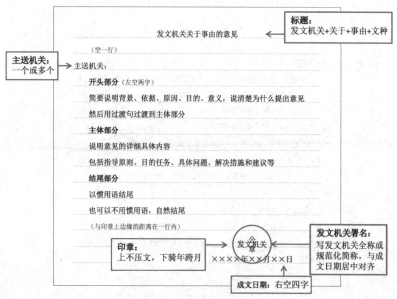

图 2-19 意见通用格式

（1）标题

标题的完整形式为"发文机关＋关于＋事由＋文种"。

（2）主送机关

主送机关既可以是一个，也可以是多个，要用全称或规范化简称。

（3）正文

正文一般分为开头、主体和结尾三个部分。

开头简要说明背景、依据、原因、目的、意义，说清楚为什么提出意见，然后用过渡语过渡到主体。常用的过渡语如下。

- 为了……特提出以下意见。
- 为此，特提出如下意见。
- 现……提出如下意见。
- 特制定本实施意见。

主体说明意见的详细内容，包括指导原则、目的、任务、具体问题、解决措施和建议等。

结尾既可以使用惯用语，也可以自然结尾，不使用惯用语。常见的结尾惯用语如下。

- 以上意见，请结合实际情况贯彻执行。
- 以上意见，请结合实际情况参照执行。
- 以上意见，请结合实际情况遵照执行。
- 以上意见，如无不妥，请批转各地执行。

（4）发文机关署名

在正文右下方写发文机关全称或规范化简称。

（5）成文日期

成文日期一般写在发文机关署名下方，使用阿拉伯数字，有时也可以写在标题下方。

图 2-20 是一个意见的范例，仅供参考。

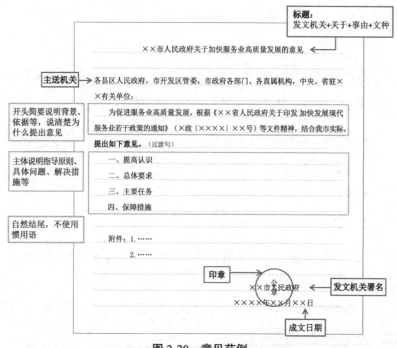

图 2-20　意见范例

3. 意见的分类

根据内容与用途，意见可以分为三类，即指导性意见、呈请性意见和评估性意见。

- 指导性意见用于上级向下级布置工作，在各类意见中应用范围最广、使用频率最高。
- 呈请性意见用于下级向上级提出工作建议和方案计划。
- 评估性意见用于上下级或同级之间针对某项工作提出建议、

看法等。

4. 意见与请示、报告的区别

上行意见与请示、报告有相似之处，但也有不同之处（见表2-5），使用时要注意区分。

表 2-5　上行意见与请示、报告的对比

文种	内容	结构
上行意见	针对工作中遇到的一些重大问题，提出看法或处理办法	提出问题、分析问题、解决问题
请示	需要上级机关做出批示才能继续进行的重要事项，或者请求上级机关给予人、财、物等方面的支持	提出问题、解决问题（部分）
报告	侧重于汇报工作、反映情况，一般不涉及具体的工作意见，也不要求上级机关一定要做出批示	提出问题、分析问题（部分）

下行意见与通知、决定的对比如表2-6所示。

表 2-6　下行意见与通知、决定的对比

文种	内容	效用
下行意见	对重要问题提出看法或处理办法	重在参考和指导
通知	要求下级机关知晓并执行相关事项	要求执行
决定	针对重要事项、重大问题或重大行动做出明确具体的安排	

5. 意见在企业中的应用

企业较少使用上行意见，较多使用下行意见和平行意见，一般用于对子公司或某些事项提出看法或处理方法。

2.6 报告

1. 报告的定义

法定公文中的报告与非法定公文中的市场调研报告、可行性研究报告、数据分析报告、财务审计报告等有本质不同。法定公文中的报告是下级机关向上级机关汇报工作、反映情况、提出意见或建议、答复上级询问的一种公文。

在实际使用中，因为报告和请示都是用于跟上级机关沟通情况的公文，所以两者常常被混用。其实，报告和请示有明显的不同之处。

- 报告一般是事中或事后行文，事情已经开始做了或做完了，再向上级机关汇报。

- 请示是事前行文，在事情开始之前，先向上级机关申请是否可以执行，上级机关同意后才能开始。

2. 报告的特点

报告最大的特点就是真实性。报告是上级了解下情最重要的渠道之一，如果报告事实不清、内容含糊，就会影响上级机关了解下级机关的工作情况。

除了综合报告，其他的所有报告都要遵守"一文一事"的原则，一份报告只汇报一件事。不能在报告中夹带请示事项，报告上报后，上级机关可以不回复。

3. 报告的要素与格式

报告主要包括标题、主送机关、正文、发文机关署名和成文日期五个要素，有时还有附件说明（见图 2-21）。

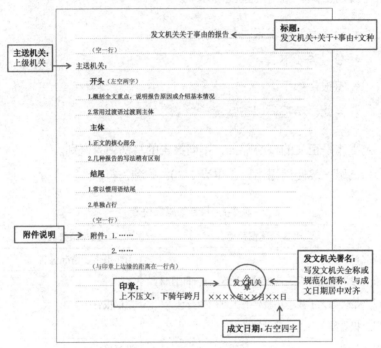

图 2-21　报告通用格式

（1）标题

标题有以下两种形式。

- 完整形式为"发文机关＋关于＋事由＋文种"。
- 也可以采用"发文机关＋事由＋文种"的形式。

（2）主送机关

与请示一样，报告的主送机关是上级机关。

（3）正文

正文一般分为开头、主体和结尾三个部分。

开头概括全文重点，说明报告原因或介绍基本情况，可用过渡语过渡到主体。常用的过渡语如下。

- 现将有关情况报告如下。
- 兹报告如下。
- 特报告如下。
- 为此，特报告以下情况。

主体是正文的核心部分，不同报告的写法稍有区别。

结尾一般使用惯用语（见表2-7），单独占行。

表 2-7　报告结尾惯用语

报告结尾惯用语	适用报告类型
特此报告	工作报告、情况报告
以上报告如无不妥，请批转各地区、各部门执行	建议报告
以上报告如无不妥，请批转有关部门执行	
以上报告如无不妥，请批转发布	
专此报告	答复报告
请收阅	递送报告（文件）
请查收	递送报告（物品）
请核查	递送报告（物品）

（4）发文机关署名

在正文右下方写发文机关全称或规范化简称。

（5）成文日期

成文日期写在发文机关署名下方，年、月、日要写全，不能简写。

4. 报告的分类

根据内容与用途，报告可以分为五类，即工作报告、情况报告、建议报告、答复报告、递送报告。

（1）工作报告

工作报告用于向上级机关汇报本机关的工作情况、工作进展、工作成绩、工作经验、存在的问题等（见图 2-22），如"××××工作报告——××××年××月××日在××××会议上"。

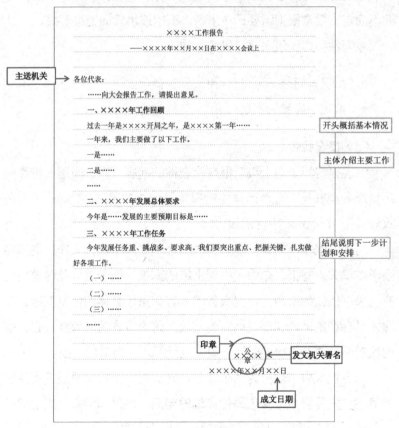

图 2-22　工作报告范例

工作报告可细分为综合性报告和专题性报告。综合性报告用于同时汇报几个方面的工作或一段时间内的综合情况，常采用定期汇报的形式，如月度工作报告、季度工作报告、年度工作报告等。

综合性报告一般分为两个部分。开头简要介绍本机关基本工作情况。主体一般分为四个方面，即基本情况（人、事、时、地、背景、经过、结果等）、主要工作（方法、步骤、经验、成果等）、存在的问题、工作计划。

专题性报告用于汇报具体的某项工作，问题比较集中，汇报时间不固定，常常根据需要，在事前、事中或事后向上级汇报。

专题性报告一般采用三段式结构。

- "情况—问题—意见"，用于反映情况。
- "情况—经验—不足"，用于总结经验。

（2）情况报告

情况报告用于向上级汇报有代表性的问题、重大问题、特殊问题，或者反映某一事件的具体情况（见图 2-23），如"××乡人民政府关于××××事件的报告"。

与工作报告不同，情况报告的内容不局限于具体工作，也不局限于本机关，写报告是为了引起上级的重视，便于上级及时做出反应，采取相应的措施。情况报告的内容侧重于具体的情况汇报，其次才是存在的问题和解决问题的建议。这类报告的时效性较强，情况比较紧急或非常重要时，一般先电话汇报，再书面汇报。

综合性报告一般分为两个部分。开头对要汇报或反映的事件进行概述。主体重点汇报该事件详细的起因、经过和结果，先说明该事件的主要表现和影响，包括时间、地点、具体经过、最终结果，再分析引发事件的原因，深刻分析事件反映的问题、产生的原因、事件的性质等。如有必要，应提出问题的解决方法和措施。

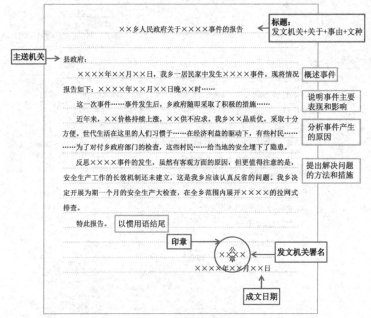

图 2-23　情况报告范例

（3）建议报告

建议报告用于就某项工作或某个具体问题向上级提出意见或建议（见图 2-24），如"关于加强工商行政管理工作的报告"。

与情况报告不同，建议报告具有呈转性，要求上级批转到有关部门或地区执行。建议报告中陈述的事项虽然是本机关业务范围内的，但因为受到职权范围和隶属关系的限制，不方便直接行文给相关机关，需要上级机关批转。

建议报告与情况报告的结构基本一致，不同之处在于建议报告的基本情况部分不用写得那么详细，简要介绍就可以了，而且常常与存在的问题合并写在一段里面。建议报告的核心内容是解决方法和措施。

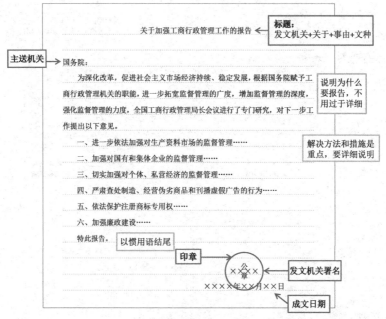

图 2-24　建议报告范例

（4）答复报告

答复报告用于针对某个问题，答复上级的询问（见图 2-25），如"××市人民政府关于治理××河水质污染的问题的报告"。

答复报告一般分为两个部分。开头说明为什么要写这份报告，概述上级交办的任务。主体针对上级询问的问题进行详细汇报，包括采用了什么方法和措施、取得了什么结果和成果。如果报告具有检讨或检查性质，应先概述出现的问题，然后深刻剖析造成这些问题的原因（主观原因、客观原因、直接原因、间接原因）和应该承担的责任（主要责任、次要责任），最后说明处理结果并提出改进措施。

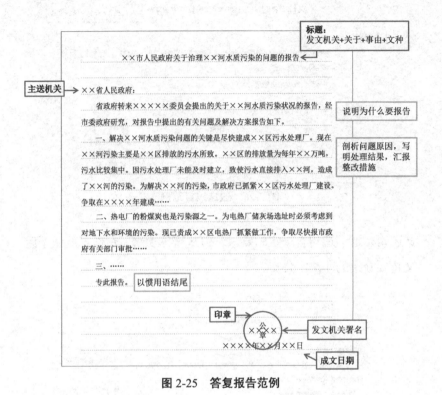

图 2-25　答复报告范例

（5）递送报告

递送报告是最简单的一类报告，是在向上级机关报送文件或物品的时候，随同一起发送的报告（见图 2-26），如"关于报送我县村办企业财务检查整顿工作总结的报告"。正文要写清楚报送材料的名称、数量，并附上附件明细。

5. 报告在企业中的应用

报告是企业常用的一种公文，也是秘书或助理必须掌握的公文之一（见图 2-27）。与其他法定公文相比，报告的结构固定，对行

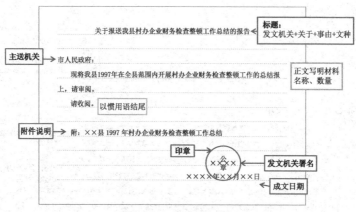

图 2-26 递送报告范例

文逻辑、遣词造句有一定的要求，但从整体上看，写作难度低于后文将要介绍的非法定公文。

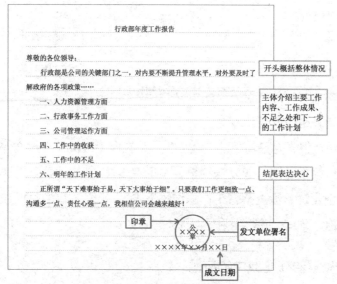

图 2-27 企业报告范例

2.7 请示

1. 请示的定义

根据《党政机关公文处理工作条例》，请示是下级机关就具体工作事项或问题向上级机关请求指示、帮助或批准的一种公文。请示和批复是一对一的往来关系，这两种公文总是结伴出现。请示的应用范围很广，当出现本机关无权、无力、无法解决的事情时，就需要向上级机关请示。常见的情况有以下几种。

- 遇到了上级机关明确规定不经请示不能办理的事项，需要上级机关做出决策。
- 工作中出现新情况、新问题又无章可循的时候，需要上级机关做出决策或指示。
- 对现行的规章制度等把握不准的时候，请求上级机关给予明确指示。
- 在执行某些规章制度时发现存在一些特殊情况，请求上级机关批准予以特殊处理。
- 本机关在人员、物资、财力等方面存在困难，请求上级机关给予支持。

2. 请示的特点

请示必须遵循"三明确一遵守"原则。

- 主送机关必须明确，不能多头主送。
- 请示理由必须明确，理由必须真实、充分、考虑周详。

- 请示事项必须明确，这样上级机关才能给出明确指示。
- 必须遵守"一文一事"原则。

3. 请示的要素与格式

请示主要包括标题、主送机关、正文、发文机关署名和成文日期五个要素，有时还有附件说明（见图 2-28）。

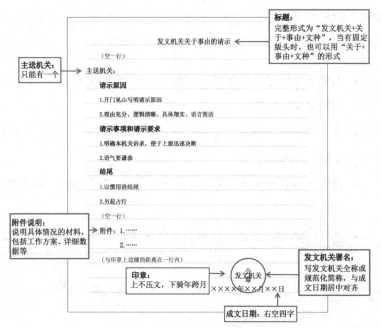

图 2-28　请示通用格式

（1）标题

标题一般使用完整形式"发文机关＋关于＋事由＋文种"；如果有固定版头，也可以使用"关于＋事由＋文种"的形式。

（2）主送机关

主送机关只能有一个，不能多头主送，只能请示上级机关，不能直接主送领导个人，尤其不能发给下级机关。必须逐级请示，不能越级请示。

（3）正文

正文主要说明请示原因（为什么请示）、请示事项（请示什么）和请示要求（有什么要求）。

开门见山写明请示原因，应理由充分、逻辑清晰、具体翔实、语言简洁。

请示事项和请示要求是正文的主体，要明确本机关诉求，便于上级机关迅速决断。行文时语气要谦恭，例如，在写本机关计划做什么事或采取哪些措施时，不能用"决定……"，而应该用"拟……"。

结尾使用惯用语（见表 2-8），另起占行。

表 2-8　结尾惯用语

结尾惯用语	是否适用于请示
特此请示，望批复	是
以上意见当否，请批示	
当否，请批复	
当否，请批示	
当否，请批转	否
妥否，请批复	是
以上请示如无不妥，请批转……执行	否
以上请示，请予审批	是
以上请示，如无不当，请批准	

（4）发文机关署名

在正文右下方写发文机关全称或规范化简称。如果标题已经写明发文机关，也可以只盖章不署名。

（5）成文日期

成文日期写在发文机关署名下方。

4. 请示的分类

根据内容与用途，请示可以分为以下三类。

（1）请求指示类请示

请求指示类请示一般用于本机关在具体工作中遇到难以决策的问题时，请求上级机关给予指导（见图2-29），如"关于暂缓调高旅游专项资金在交通建设附加费中分配比例的请示"。

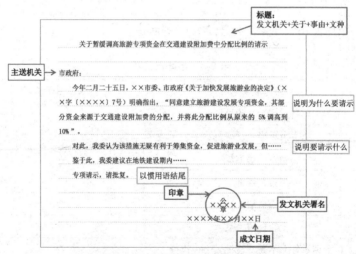

图 2-29　请求指示类请示范例

（2）请求帮助类请示

请求帮助类请示一般用于本机关在物力、财力、人力等方面遇到困难时，请求上级给予帮助（见图2-30），如"××县财政局关于安排××××专项经费的请示"。相关要求如下。

- 请示要具体。例如，请求上级机关批准拨款时应该写明具体金额，不能用"大概""左右"之类的词语。
- 有时为了方便上级询问，可在最后写上联系人姓名和联系电话。

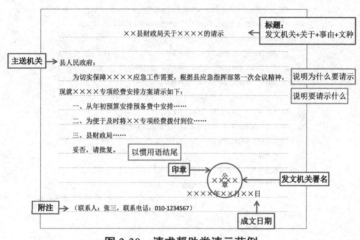

图 2-30　请求帮助类请示范例

（3）请求批准类请示

请求批准类请示一般用于本机关在工作中计划做某事时，请求上级机关批准同意（见图 2-31），如"××省人民政府关于××××的请示"。

5. 请示与报告的区别

请示和报告被混用的情况非常普遍，有时甚至会出现"请示报告"。实际上，在行文目的、行文时间、行文内容等方面，请示与报告有很多不同之处（见表 2-9）。

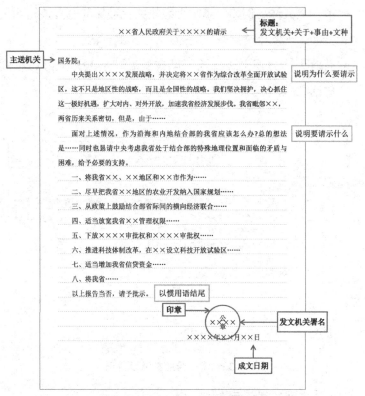

图 2-31　请求批准类请示范例

表 2-9　请示与报告的不同之处

不同之处	请示	报告
行文目的	就具体事项请示上级机关意见或请求帮助	向上级机关汇报或答复某事项
行文时间	事前	事前、事中、事后都可以
行文内容	一文一请，一事一请	既可以一文一事，也可以一文多事
是否需要批复	是	否
执行方式	经上级机关批示后，转回本机关执行	不用批示或批示后转到其他机关执行

6. 请示在企业中的应用

企业在向政府部门行文时会用到请示（见图 2-32），子公司、分公司向总公司行文时也会用到请示（见图 2-33）。

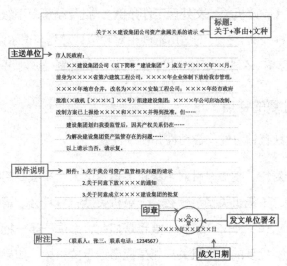

图 2-32　企业请示范例（向政府部门）

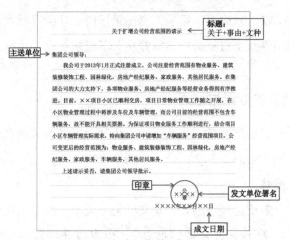

图 2-33　企业请示范例（向总公司）

2.8　批复

1. 批复的定义

根据《党政机关公文处理工作条例》，批复是答复下级机关请示事项的一种公文。批复的适用范围相对较窄，总是与请示结伴出现、一一对应。在 15 种法定公文里，只有请示和批复是成对出现的。

2. 批复的特点

批复具有针对性、被动性和权威性。

- 针对性。批复是针对下级机关请示的某个事项专门给出的回复，下级机关请示什么，上级机关就批复什么。请示必须一事一请，一文一请；批复也是如此，必须一事一批，一文一复。批复的主送机关只能是提出请示的机关，如果涉及其他机关，只能用抄送的方式。
- 被动性。只有当下级机关提出请示时，才会有批复。
- 权威性。上级机关给出批复后，下级机关必须执行。

3. 批复的要素与格式

批复主要包括标题、主送机关、正文、发文机关署名和成文日期五个要素（见图 2-34）。

（1）标题

标题一般使用完整形式"发文机关＋关于＋批复事由＋文种"，如"国务院关于××××的批复"；也可以在标题中写明批复的态度，如"国务院关于**同意**哈尔滨、大庆、齐齐哈尔高新技术产业开发区建设国家自主创新示范区的批复"。

（2）主送机关

主送机关只能有一个，而且一定是上报请示的下级机关。

（3）正文

正文一般分为批复引据、批复意见和结尾。

批复引据：引用下级机关的请示日期、标题、发文字

号，发文字号用括号标注，如"你×××年××月××日《关于××的请示》（××××〔××××〕××号）收悉"；引述请示所陈述的事项，然后用过渡语过渡到批复意见。常用的过渡语有"现就……批复如下""经研究，同意……""经研究，答复如下……"等。

批复意见：对于内容比较简单的请示，可以直接说同意、原则上同意或不同意；对于内容比较复杂的请示，除了表明态度，还要给出相应的理由和解释或提出修正和补充意见。

结尾常用"此复""特此批复"，也可以直接结束，不使用惯用语。

（4）发文机关署名

在正文右下方写发文机关全称或规范化简称。

（5）成文日期

成文日期写在发文机关署名下方。

图 2-35 是一个批复的范例，仅供参考。

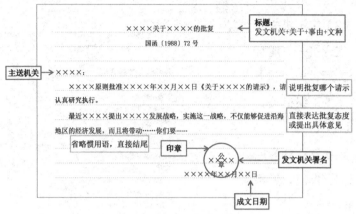

图 2-35　批复范例

4. 批复在企业中的应用

企业使用的批复与党政机关使用的批复在格式和内容上差别不大（见图 2-36）。

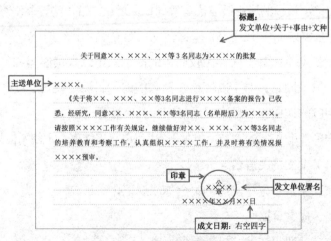

图 2-36　企业批复范例

2.9 函

1. 函的定义

函是商洽性公文，用于无隶属关系的单位之间联系、商洽工作、询问和答复问题、请求批准和答复审批事项。函在实际工作中使用频率非常高，使用场景也非常多，不受职级高低制约。函的行文方向具有多向性，既可以平行行文，也可以向斜上、斜下（向没有直接隶属关系的上、下级机关）行文。

2. 函的特点

函的主要特点是内容比较简单，一般一函一事；用语平等，不用命令性词语，也不用谦恭词语。相关要求如下。

- 用"你处""你部"，不用"贵部"。
- 用"我处""我部"，不用"敝处"。
- 结尾不用敬礼。

3. 函的要素与格式

函主要包括标题、主送机关、正文、发文机关署名和成文日期五个要素（见图 2-37）。

（1）标题

标题的形式如下。

- 去函常用"发文机关＋关于＋事由＋文种"的形式，也可以省略发文机关，采用"关于＋事由＋文种"的形式。

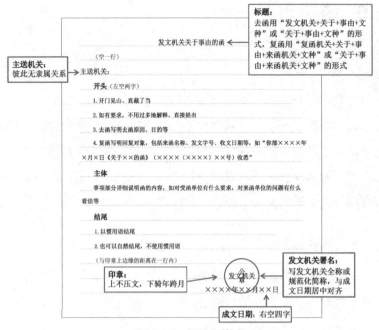

图 2-37　函通用格式

- 复函常用"复函机关＋关于＋事由＋来函机关＋文种"的形式，也可以省略复函机关，采用"关于＋事由＋来函机关＋文种"的形式。

（2）主送机关

主送机关必须使用全称或规范化简称，不可随意简化。

（3）正文

正文一般分为事由、事项和结语。

事由是正文的主要组成部分，写作时要开门见山，直接提出要求，不用过多地解释。相关要求如下。

- 去函写明去函原因、目的等。

- 复函写明回复对象，包括来函名称、发文字号、收文日期等，如"你司×××× 年 × 月 × 日《关于 × × 的函》（× × × × 〔× × × ×〕× × 号）收悉"。

函的常用语如表 2-10 所示。

表 2-10　函的常用语

类别	希望用词	感谢用词
斜上行函	为盼	为荷
平行函		为感
斜下行函	为要	

事项部分详细说明函的内容，如对受函机关有什么要求，对来函机关的问题有什么看法等。

结尾一般使用惯用语（见表 2-11），也可以自然结尾，不使用惯用语。

表 2-11　函结尾惯用语

商洽函	询问函	告知函	请批函	回复函
不知贵方意见如何，请函告	特此致函，盼复	特此函告	以上事项，请予批准	此复（斜下行）
如果你们同意，请即复函	请予协助为盼			
可否，盼予函复	请研究复函	专此函达	请予批准为荷	特此函复
特此函达	特此函商			
特此函告	请速函复		可否，请函复	谨作答复
请函复	盼复、请复			

（4）发文机关署名

在正文右下方写发文机关全称或规范化简称。

（5）成文日期

成文日期是签发文件的时间。

图 2-38 是一个函的范例，仅供参考。

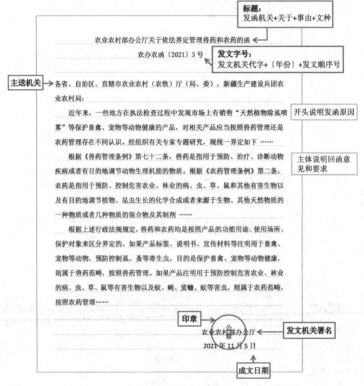

图 2-38 函范例

4. 函的分类

函的分类方法有很多种。

（1）按性质和格式，函可分为公函和便函。

- 公函用于重要事项、重要问题，必须采用完整的公文格式。

- 便函不是正式公文，用于一般事项，不使用版头，省略标题、发文字号。

（2）按行文方向，函可分为去函和复函。

（3）按内容和用途，函可分为商洽函、询问函、告知函和请批函。

- 商洽函是实际工作中最常用的函，主要用来商洽具体工作或事项，既可以在开头说明发函原因，也可以不提原因，直接提意见。
- 询问函用于询问某些事项或征求对方意见，开头直接说明询问原因或目的，不用兜圈子。
- 告知函用于主动告知对方某些事项，开头简要说明发函的背景、依据、目的，也可以跳过这些部分，直接说明情况。
- 请批函用于向平级机关请求审批事项，开头说明请求批准的原因。

5. 函与请示、报告、意见的区别

在一些使用场景中，函与请示、报告、意见看起来很相似，所以经常被弄混，但这几种公文有很多不同之处，如表 2-12、表 2-13 和表 2-14 所示。

表 2-12　请批函与请示的不同之处

不同之处	请批函	请示
行文方向	平行文、斜行文	上行文
行文对象	有关主管机关（平级机关、不相隶属的机关）	上级机关
行文语气	平等语气	尊重语气
行文目的	请求批准	请求指示、批准
回复方式	用复函回复	用批复回复

表 2-13　复函与报告的不同之处

不同之处	复函	报告
行文方向	平行文、斜行文	上行文
行文对象	平级机关、不相隶属的机关之间	上级机关

表 2-14　函与意见的不同之处

不同之处	函	意见
回复方式	需要对方回复	供对方参考，不用回复

6. 函在企业中的应用

严格来说，企业向政府部门去文时应该用函，但有时为了让政府部门尽快审批有关事项，也可以用请示。

2.10　纪要

1. 纪要的定义

根据《党政机关公文处理工作条例》，纪要是用于记载、传达会议主要情况和议定事项的一种公文。与通知一样，纪要也是使用频率非常高的公文之一。

2. 纪要的特点

纪要具有以下几个特点。

- 真实：纪要必须根据事实记录，是什么就是什么，不可以自行增加、删减会议内容。

- 清晰：纪要用来记录会议内容，尤其要记录清楚会议中形成的人员分工、时间要求、产出物要求等。
- 简要：纪要不能像流水账一样，而应该提炼重点、详略得当、内容准确。

与其他公文不同，纪要使用第三人称，惯用语如下。

- 会议决定……
- 会议认为……
- 会议指出……
- 会议要求……
- 会议同意……
- 会议听取了……
- 与会者一致认为……
- 经会议讨论决定……
- 会议号召……

3. 纪要的要素与格式

纪要主要包括标题、成文日期和正文三个要素（见图 2-39）。

（1）标题

标题有以下几种形式。

- "发文机关＋会议名称＋文种"，如"××市人民政府第三次现场办公会议纪要"。
- "会议名称＋文种"，如"××市人民政府精神卫生工作会议纪要"。

图 2-39 纪要通用格式

- 双标题，如"维护财政制度加强经济管理——在 ×× 部门 ×× 座谈会上的发言纪要"。

（2）成文日期

成文日期一般用圆括号标注在标题正下方，或者标注在正文文末，使用阿拉伯数字，年、月、日要写全，不能简写。

（3）正文

正文一般分为开头，主体和结尾。

开头介绍会议的基本情况，包括会议背景、会议时间、会议地点、会议议程、会议出席人员、会议主持人、会议发言等，然后用过渡语"现将会议内容纪要如下"过渡到主体。

主体说明会议的主要内容，包括会议传达的精神、会议讨论的问题、会议形成的决议等。主体有三种常见结构，如表 2-15 所示。

表 2-15　纪要主体的常见结构

纪要主体结构	写作方式	适用会议
概括式	概述会议的发言和讨论	多用于讨论的问题比较集中、意见比较一致的日常例行性会议
归纳式	按逻辑顺序，分条陈述会议讨论的问题，一个事项、一个问题单独写一条	多用于大型会议
发言摘要式	按发言顺序整理、归纳每个人的发言内容	常用于研讨会、座谈会等

结尾提出希望和号召，或者说明会议的有关事项，也可以不写结尾。

图 2-40 是一个纪要的范例，仅供参考。

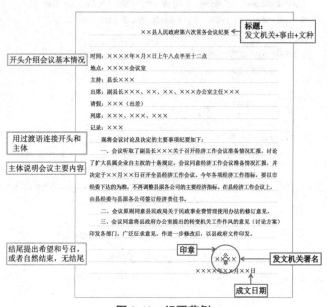

图 2-40　纪要范例

4. 纪要在企业中的应用

纪要（见图 2-41）在企业中很常用，主要用来记录会议的主要情况和会议上议定的事项，其格式与党政机关所用的纪要基本相同。

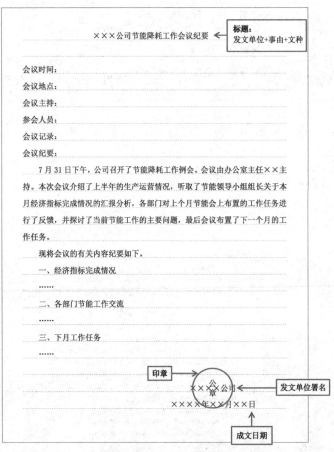

图 2-41　企业纪要范例

下 篇 >>>

非法定公文写作

第 **3** 章
事务类公文写作

3.1 计划

1. 计划的定义

为了在一定时间内完成工作、生产、经营、学习等任务，根据上级指示，结合本单位或本人实际情况，提出明确的目标、要求、实施计划、时间安排等，并以书面形式固定下来的就是计划。计划既可以由个人使用，也可以由单位使用。

计划和总结是前后呼应、首尾相接的两种公文。我们做一件事，往往要遵循这一规律：先拟订计划，再实施行动，接着总结复盘，然后进入下一轮循环，先拟订计划，再实施行动……

2. 计划的特点

计划具有预见性、可行性和约束性。

- 预见性：计划是对未来的设想、安排，具有预见性。
- 可行性：制订计划是为了指导下一步的工作，所以计划必须具备可行性。

- 约束性：已制订的计划应参照执行，不能随意更改调整。

3. 计划的分类

计划有多种分类方式。

- 按范围，可分为国家计划、系统计划、单位计划、部门计划、个人计划等。
- 按时间，可分为长期计划（5 年以上）、中期计划（1~5 年）、短期计划（年、月、周）等。
- 按内容，可分为工作计划、生产计划、采购计划、财务计划等。
- 按性质，可分为综合性计划、专题性计划等。
- 按格式，可分为条文式计划、表格式计划、综合式计划等（见表 3-1）。

表 3-1　不同格式的计划

类别	主要特点	优点
条文式计划	分条陈述计划内容，可以直接标注序号按顺序写，或者每条在序号后再起一个小标题	条理清晰、重点突出
表格式计划	以表格的形式详细介绍相关项目、涉及单位及人员、具体数据等	易归类、易填写、易检查
综合式计划	既有文字又有表格	兼具以上两类的优点

- 按名称，可分为安排、方案、要点、规划、纲要、设想等（见表 3-2）。计划的范围很广，只要是对未来工作或行动做

出安排的文书，都可以归为计划。

表 3-2　不同名称的计划

类别	特点	时间长短	范围	成熟度
安排	最具体	日、周、月、季	单位内部某项具体工作（涉及面较小）	对某个工作计划的主要安排，不是全面详细的计划
方案	最复杂	日、周、月、季	单位内部某项具体工作（涉及面较大）	针对某项工作做出的具体安排
要点	最概括	一定时期内	单位内部	计划出台前可以先发要点，要点有点像计划的摘要，只针对重点工作做出原则性安排
计划（狭义）	最适中	周、月、季、年		全面部署工作，安排比较具体，比方案简明，比规划、纲要具体，比设想细致，用于定目标、定时间
规划	类似纲要	一般3~5年	范围广、全局设计、宏观视角	内容比较概括，侧重于具体目标、主要措施等，用于定方向、定远景
纲要	最宏大	一般5~10年		对工作方向和目标提出纲领性要求和指导性措施，比规划更概括，侧重于长远目标、原则性措施
设想	最粗略	一般10年以上	远景视角	粗线条、尚未成熟

4. 计划的要素

计划主要包括标题、正文和落款三个要素（见图 3-1）。

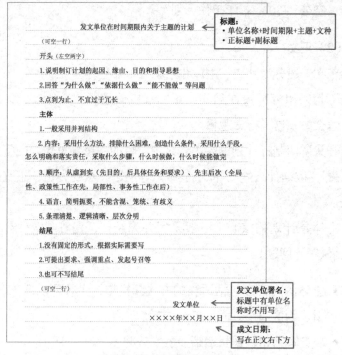

图 3-1　计划通用格式

（1）标题

标题有以下两种写法。

- 公文式标题一般由单位名称、时间期限、主题、文种四个部分组成，如"××公司 20××年年度工作要点"；如果是专题性工作计划或活动计划，也可以不写单位名称和时间期限，如"×国××谈判代表团接待方案"。

- 文章式标题分为正标题、副标题两个部分，正标题概括计划的内容、揭示主题，副标题说明单位名称、时间期限、计划种类，如"影响力　亲和力　感召力——××航空公司 20×× 年工作计划"。

（2）正文

正文一般分为开头、主体和结尾三个部分。

不管采用哪种写作结构，正文都应该遵循"为什么做，做什么，怎么做"这一行文逻辑。

开头说明制订计划的起因、缘由、目的和指导思想，回答"为什么做""依据什么做""能不能做"等问题，点到为止，不宜过于冗长。

主体是计划的核心，一般采用并列结构，回答"做什么"和"怎么做"等问题。

- 主体的内容应包括适当的方法和措施，尤其要说清人、事、财、物这四个方面（见图 3-2）。

- 要条理清楚、逻辑清晰、层次分明。

- 表述顺序一般是从虚到实（先目的，后具体任务和要求）、先主后次（全局性、政策性工作在先，局部性、事务性工作在后）。

- 语言要简明扼要，特别是涉及任务数量、质量和时限要求的表述一定要准确，不能含混、笼统、有歧义。

- 基础材料要准确。计划是对下一步工作的具体指导和安排，所以制订计划所依据的基础材料必须准确。不管是基础信息、资料，还是基础数据、图表等，都要反复确认，确定无误后，方可在此基础上提出计划。

- 宜采用说明的表达方式，避免大段的评论，也不宜做逻辑上的推理。

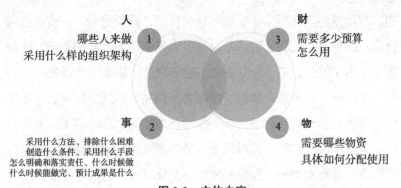

图 3-2　主体内容

结尾没有固定的形式，可以根据实际需要写，如提出要求、强调重点、发起号召等。如果没有必要，也可以不写结尾。

（3）落款

如果标题中已经写明单位名称，一般可以省去落款。如果标题中未写明单位名称，那么应当在正文右下方署名并写上成文日期。如果是需要上报或下达的计划，那么必须加盖公章。

5. 计划怎么写

一般来说，计划的写作不讲究文采，计划的内在质量才是关键，如计划的内容是否清晰易懂，计划是否具有可操作性，是否有可预见的成果等。我们在写计划时，不需要花太多的心思美化修饰文字，而应该多关注要计划的事情本身。与其费尽心思雕琢文字，不如思考计划的重点抓得对不对，是否可以达到更好的效果，采用哪些方法和措施可以实现目标，工作是否可以安排得更加周密，关键点和关键人是否已经找出，这些才是计划的重点。

写计划一般有以下四个步骤。

第一步，明确写作目的。不管写哪种公文，都要先明确写作目的，想清楚为什么要写，要达到什么目的，写给谁看，用在什么场合等。如果抬手就写，恐怕写得再多也无法达到领导的要求，还得重写。为了避免返工，一定要先和领导沟通，明确写作目的。

第二步，搜集写作素材。根据之前和领导沟通的结果，开始搜集写作素材。计划是对下一步工作的具体指导，在内容上，要有目标、有措施、有步骤；在材料上，要确保数据、信息真实准确；在结构上，要重点突出、逻辑清晰、层次分明，具有指导价值。

第三步，草拟计划初稿。前文提到，计划可进一步细分为规划、纲要、要点等，所以，要先确定具体类型，再开始写作。

第四步，反复修改后定稿。计划初稿写好后要及时上报，跟领导沟通。对于不妥的地方，要根据领导的意见修改。如此反复几次，计划就写好了。

图 3-3 是一个计划的范例，仅供参考。

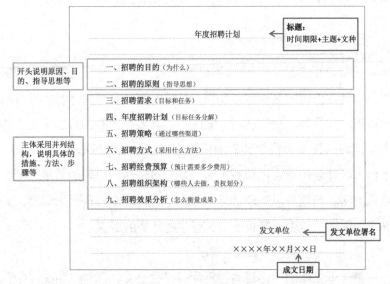

图 3-3　计划范例

3.2　总结

1. 总结的定义

总结是对以往某项工作或某一阶段工作的回顾和评价，通过总结经验，形成一套具有规律性的方法、经验，用于指导以后的工作。

2. 总结的分类

总结有多种分类方法。

- 按内容，可分为工作总结、生产总结、学习总结、活动总结等。
- 按范围，可分为行业总结、公司总结、部门总结、个人总结等。
- 按时间，可分为年度总结、半年总结、季度总结、月度总结等。

3. 总结的要素

和计划一样，总结主要包括标题、正文、落款三个要素（见图 3-4）。

（1）标题

总结的标题形式比较灵活，主要有公文式和文章式两种。

① 公文式标题的形式一般为"单位名称＋时间＋内容＋文种"，主要用于总结一段时间内的工作，如"××有限公司年度员工培训工作总结"。

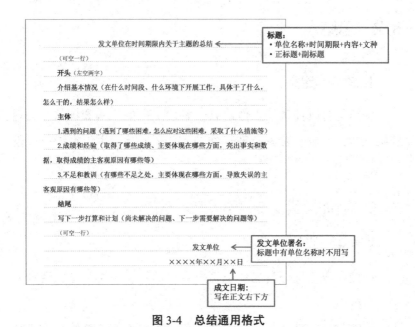

图 3-4　总结通用格式

② 文章式标题可细分为单标题和双标题。单标题一般概括内容或观点即可，不一定非要加上"总结"二字，如"××特大事故处理工作总结"；双标题就是正标题、副标题，正标题总结主旨或重点，副标题说明单位名称、时间、内容和文种，如"提高销售部全员战斗能力是重中之重——市场部年度工作总结"。

（2）正文

①开头

开头介绍基本情况，包括在什么时间段、在什么环境下开展工作，具体干了什么，怎么干的，结果怎么样等。

②主体

- 遇到的问题，包括遇到了哪些困难，怎么应对这些困难，采取了什么措施等。

- 成绩和经验，包括取得了哪些成绩，主要体现在哪些方面，亮出事实和数据，取得成绩的主客观原因有哪些等。成绩和经验是正文的关键部分，只写成绩不写经验，高度不够；只写经验不写成绩，力度不够；既写成绩又写经验，才能相得益彰。既可以先写成绩再写经验，经验自成绩中总结而来；也可以边写成绩边写经验，成绩经验交融为一体，二者互为印证补充。成绩是过往工作的成果，物质成果要定量，用具体数字的变化来对比说明；精神成果要定性，用案例、故事等体现。
- 问题和教训，包括有哪些不足之处，主要体现在哪些方面，导致失误的主客观原因有哪些等。
- 结尾写下一步的打算，包括尚未解决的问题、下一步需要解决的问题等。

主体的结构有很多种，包括两段式、板块式、阶段式和经验式等。

- 两段式将主体内容划分为两大部分，第一部分叙述、回顾前一阶段的工作是怎样做的，取得了哪些成绩，还存在什么不足；第二部分分析、论证工作中的成败得失、经验体会，总结出规律性认识。内容比较简单的总结可以采用两段式的结构。
- 板块式就是把主体内容分为几块，列小标题分块写，如主要工作的完成情况及成绩、工作的主要做法和经验、存在的主要问题及原因分析、今后的工作思路和努力方向等。
- 阶段式适用于对阶段性较强的工作所做的总结，可以按事件发展的不同阶段，按照时间线和工作步骤划分为几个阶段进行总结。要抓住重点、主次分明、详略得当，不要写成流水账。

- 经验式适用于高层次的领导单位所写的总结，一般具有重要指导意义。采用这种结构的总结很少叙述工作的具体情况，主要篇幅用来论述工作中取得的经验。

（3）落款

落款写发文单位名称和成文日期。

图 3-5 是一个总结的范例，仅供参考。

图 3-5　总结范例

3.3 声明

1. 声明的定义

声明原本是国家、政党、政府、团体公开说明某事件真相或向公众表明自己的立场、态度和主张的专用公文，后来其使用范围扩大到日常工作和生活领域，一般的单位和个人也可以使用声明向公众说明自己的立场和态度。

2. 声明的特点

声明具有严肃性和简洁性。

- 行文严肃庄重。
- 观点明确，表述准确，语言精练。

3. 声明的分类

按内容，声明可分为遗失声明、产权声明、商标声明、出版声明和道歉声明等。

- 遗失声明：公司或个人在证件或凭证单据丢失后，向社会公开说明，防止他人冒用。
- 产权声明：公司为防止其他公司仿冒其产品，向用户做出的说明。
- 商标声明：公司防止商标雷同或被冒用而做出的说明。
- 出版声明：公司防止其他公司或个人盗版、印刷其拥有版权的图书而做出的说明。

● 道歉声明：因某事触犯对方或损害对方利益而做出的说明。

4.声明的要素

声明主要包含标题、正文、落款和发布日期四个要素（见图 3-6）。

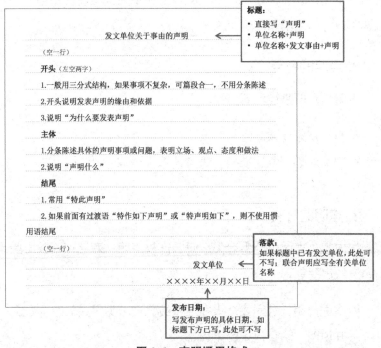

图 3-6　声明通用格式

（1）标题

标题形式多样，一般用短标题。

● 有的直接写"声明"二字；有的在"声明"前面冠以"严正""郑重"等字样，以引起读者注意。

- 有的采用"单位名称＋文种"的形式，如"××公司声明"；
  有的采用"单位名称＋事由＋文种"的形式，如"××公司独立董事提名人声明"。

（2）正文

正文一般用直陈的写法，采用三分式结构。如果声明的事项不复杂，可以篇段合一，不用分条陈述。

开头说明发表声明的缘由和依据，即为什么要发表声明。主体分条陈述具体的声明事项或问题，表明有关立场、观点、态度和做法，即声明什么。最后，通常用"特此声明"四个字作为正文的结尾。

如果开头和主体之间有过渡语"特作如下声明"或"特声明如下"，则结尾不使用惯用语。

（3）落款

在正文右下方写发布声明的单位名称，如果标题已写明，在此不必再写。

如果是联合声明，要把有关单位名称写齐。

专用外事声明可以没有落款、不签字盖章，发布日期写在标题下方。

（4）发布日期

在落款下方写声明的发布日期，如果在标题下方已写明，在此不必再写。

图 3-7 是一个声明的范例，仅供参考。

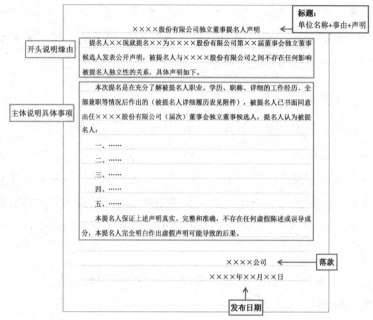

图 3-7 　声明范例

3.4 　述职报告

1. 述职报告的定义

述职报告一般用于个人向组织汇报自己的履职情况，如汇报近期的工作目标完成情况、成绩和收获、感悟和体会、经验和教训等。

2. 述职报告的分类

述职报告有多种分类方式。

- 按时间，可分为试用期述职报告、任期述职报告、年度述职报告等。
- 按内容，可分为综合性述职报告和专题性述职报告等。
- 按主体，可分为个人述职报告、领导层集体述职报告等。
- 按表达形式，可分为书面述职报告和口头述职报告等。

3. 述职报告的要素

述职报告主要包括标题、正文和落款三个要素。

（1）标题

① 第一种形式：单标题

单标题有很多种写法。

- 直接写"述职报告"。
- "职务＋时间＋文种"，如"总经理秘书××月述职报告"。
- "职务＋文种"，如"总经理秘书述职报告"。
- "时间＋文种"，如"××月述职报告"。

② 第二种形式：双标题

双标题包括正标题和副标题，如"秘书工作无小事——我的述职报告"。

（2）正文

① 开头

开头简要介绍自己的情况，包括任职情况、指导思想和总体评价。其中，任职情况是必写的内容，指导思想和总体评价也可以放在主体或结尾。

- 任职情况，包括任职时间、职务、主要工作职责、主管工作、分管工作、工作目标等。
- 指导思想，包括在什么思想和政策的指导下开展工作。
- 总体评价，即工作完成得怎么样。

② 主体

主体是述职报告的重点，主要汇报工作业绩、工作问题、工作经验等。

- 工作业绩，包括主导或协助完成了哪些工作，完成得怎么样，取得了哪些成绩，自己在其中发挥了哪些作用等。
- 工作问题，包括在工作中遇到了哪些问题，采取了哪些措施，取得了怎样的效果。
- 工作经验，包括可推广的方法、经验等，实现从具体实践到一般规律的升华。

③ 结尾

结尾可以进行自我评价，总结自己是否称职，也可以表明工作态度，提出下一步的工作计划。

如果是口头述职汇报，常以惯用语结尾。常见的惯用语如下。

- 以上报告，请批评指正。
- 特此报告，请审查。
- 以上报告，请予审查。
- 以上是我的个人述职报告，谢谢各位。
- 以上报告，请领导和同志们批评指正。

（3）落款

在正文右下方写述职人姓名和述职日期。

4. 述职报告怎么写

述职汇报的写法主要有三种。

- 如果职责范围较大，分管工作较多，如既负责总经办工作又负责行政部工作，就要把工作项目归类，按照不同的工作模块汇报。
- 如果任期较长，也可以按时间顺序或工作进度等分阶段汇报。
- 最常见的写法是把内容集中，按工作成绩、工作问题、工作经验、下一步计划的顺序汇报。

写述职报告的思路其实很简单，基本都是按照"应该干什么，是怎么干的，干得怎么样"这个逻辑写的。

（1）应该干什么

参考本岗位的关键绩效指标（Key Performance Indicator，KPI），依据公司考核内容和考核权重对工作进行梳理。例如，某公司总经理秘书的 KPI 如表 3-3 所示，这位秘书在写述职报告时要以 KPI 为基准，逐项梳理自己的工作内容。

表 3-3　某公司总经理秘书的 KPI

KPI	描述	权重	得分
提供战略规划建议	定期提供战略规划方面的建议	15%	
综合管理及协调工作	协助总经理对公司运营、项目管理等工作进行协调及管理	15%	

（续表）

KPI	描述	权重	得分
协助总经理进行商务洽谈	协助总经理进行各类商务洽谈工作	15%	
开展行业调查及信息收集	定期提供行业发展分析报告及其他对决策有价值的信息	15%	
监督和落实总经理布置的工作	督促、跟进和落实总经理布置的各项工作	10%	
及时处理突发事件	及时处理突发事件并将其影响降至最小	10%	
商务接待及对外关系维护	定期维护对外关系并做好接待工作	10%	
完成总经理安排的临时任务	及时完成总经理安排的各项临时任务	10%	

当然，很多秘书或助理是没有 KPI 的，如果是这种情况，可以参照秘书／助理专业能力模型（见图 3-8）来写。

（2）是怎么干的

基于本岗位职责，汇报工作的具体情况，包括怎么做顶层设计、怎么做工作计划、如何推进落实等。

做顶层设计要自上而下思考，把握好公司的方针政策和领导的个人期望。

做工作计划要确保选定的方向、制定的决策、采取的方法都符合公司和领导现阶段的要求或需求。做工作计划时，切忌想到一个好点子就立刻开始推进。个人计划必须与组织计划相匹配、相配套，符合组织现阶段的需求。如果局部环节的计划过于超前，就无法与其他环节配套，就会引起关节处、连接处的不适；如果局部环节的计划过于落后，就会拖组织后腿，影响组织的前进速度。因

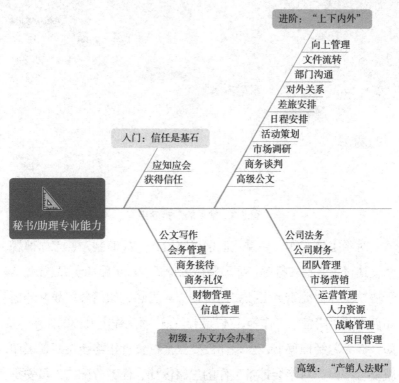

图 3-8　秘书 / 助理专业能力模型

此，在做工作计划时，一定要考虑大环境、大背景，让顶层设计指导具体工作。与大环境不匹配的计划，再好也要暂时舍弃。

如何逐一拆解、落实工作计划是汇报的重点，逻辑要清晰，不能眉毛胡子一把抓，想到什么就说什么。

常见的汇报顺序如图 3-9 所示。

汇报时，还要注意区分主管工作和协管工作，区分集体成绩和个人成绩。

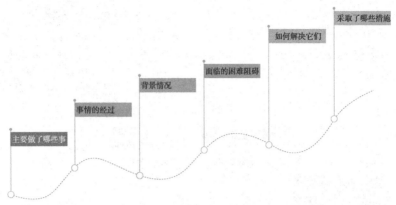

图 3-9　常见的汇报顺序

对于主管工作，要重点汇报思路设计、战略制定、工作部署、制度建设、人员安排等，体现整体思考、宏观思路和全局意识。对于协管工作，要重点汇报如何贯彻主导思想、如何分解战略计划、如何推动落实各项工作等，体现自己在这项工作中发挥的作用。例如，作为总经理秘书，如果你被委派全权负责年终会议筹备工作，就要汇报自己对年会筹备工作的思路设计、任务分配、人员安排、预算控制等，而不是跟领导强调你找了几家酒店做对比，买了多少气球装饰会场等。如果你被指定为监督人，就要汇报年会筹备工作进度、在监督过程中发现了哪些问题、自己在其中发挥了什么作用等。如果你是具体执行人，就要汇报工作细节，例如，找了 5 家酒店做对比，每家酒店的优缺点各是什么，为什么最终选择其中一家酒店。

属于集体的成绩应由集体汇报，或者以主管人的身份汇报，不能都算到自己头上。个人成绩要重点写，适时地展示自己，以充分体现自己的工作能力和态度。

（3）干得怎么样

汇报完工作的具体过程，还要汇报工作结果。

汇报结果要实事求是，既不要过度渲染，也不要过分谦虚。有成绩，就大大方方地讲成绩；有问题，就虚心诚恳地说问题。汇报成绩要有事实、有依据，可量化的，如预算控制，就用数据、图表、案例、荣誉、典型事例等来证明；不可量化的，如制度建设，就用前后对比、关键人评价等方法来侧面印证。

汇报结果要重点突出、主次分明，抓重要工作、重要业绩。重点工作要着重汇报，浓墨重彩；次要工作可以一笔带过，甚至略过不讲。

汇报结果要深入透彻，从局部到整体，找出问题的根源（主观和客观原因、内部和外部原因）。当然，要多讲主观原因、内部原因，少讲客观原因、外部原因。要给问题准确定性，说明每个问题属于一般性问题还是个性化问题，属于老问题还是新问题；对于某个问题，有哪些通用的解决方法，有没有预防机制。

最后要提出下一步的工作计划，如果有尚未解决的问题，就要提出解决方案和措施，或者提出对未来一段时间的规划和安排，设立新的工作目标。下一步的工作计划要具体、可操作，不能是口号式的；篇幅不宜过长，让领导能快速了解即可。

我们可以借助图 3-10 评价自己的分析是否足够透彻清晰。

5. 述职报告与工作总结的异同

述职报告与工作总结有相似之处，两者常常被混用，下面说明两者的相同和不同之处。

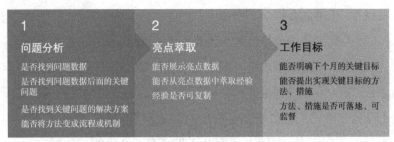

图 3-10 评价思路

相同之处如下。

- 表述主体相同，采用第一人称，对某段时间的工作进行回顾、反思和总结。
- 结构相同，均可分为开头、主体和结尾三个部分。
- 写作内容类似，述职报告围绕岗位职责，按"岗位职责—工作过程—工作结果"的逻辑写；总结则针对某工作或某阶段的工作，按"工作情况—经验体会—存在问题—今后方向"的逻辑写。
- 工作实绩和事实材料须真实准确，对自己和本职工作的评价须客观全面。
- 文体风格类似，文字简洁，用语朴实。

不同之处如表 3-4 所示。

表 3-4　工作总结与述职报告的不同之处

不同之处	工作总结	述职报告
内容	回顾工作情况，注重过程性和全面性，总结分析工作过程中的具体做法	注重说明个人履职情况，汇报个人是否胜任某职、履职能力如何
角度	围绕"事"即工作情况展开，全面总结工作得失	围绕"人"即个人履职情况展开，突出体现个人能力

第**4**章

会议类公文写作

4.1 讲话稿

讲话稿有狭义和广义之分。狭义上的讲话稿专指领导在各类会议上的讲话；广义上的讲话稿涵盖面就广得多，既包括讲话稿、发言稿，也包括演讲稿、开幕词、闭幕词等。本章提到的讲话稿专指狭义上的讲话稿。

1. 讲话稿的定义

讲话稿是指领导在一些重要会议上的讲话稿件，用来发表个人观点、见解或宣贯组织政策，使用频率非常高。

2. 讲话稿的要素

讲话稿主要包括标题、署名、讲话日期、称谓和正文五个要素（见图 4-1）。

（1）标题

标题有以下四种形式。

- "讲话人姓名＋职务＋会议名称＋文种"，如"××市长在全市医疗工作会议上的讲话"。

- "会议名称＋文种"，如"在全市医疗工作会议上的讲话"。
- 自拟标题，直接表明讲话稿用途，如"进一步学习和发扬雷锋精神"。
- 双标题，正标题一句话概括内容，副标题写会议名称、文种等，如"进一步学习和发扬雷锋精神——在全市医疗工作会议上的讲话"。

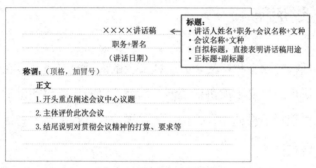

图 4-1　讲话稿通用格式

（2）署名

在标题下方写讲话人职务和姓名，如果标题中已署名，此处不用再署名。

（3）讲话日期

在署名下方写讲话日期，用括号括起来。

（4）称谓

根据会议性质、参会人身份，在正文之前顶格写称谓，如"各位领导""各位专家""同志们"等。

（5）正文

相关要求如下。

- 开头：重点阐述会议中心议题。
- 主体：评价此次会议。
- 结尾：说明对贯彻会议精神的打算、要求等。

3. 讲话稿怎么写

在帮领导起草讲话稿之前，要先了解背景信息，例如，主题是什么，用在什么场合，讲给谁听，讲多长时间，在线上讲还是在线下讲，这些问题都要在写作前搞清楚。然后要了解领导意图，例如，领导希望讲哪些内容，希望通过这次讲话解决什么问题等。我们可以直接跟领导沟通，确认领导意图，一般领导都会直接告知。如果领导暂时还没想好或有意考验你，一时说不清楚写作意图，我们也可以根据这次会议的主题和内容，寻找公司相关的政策、文件、材料，仔细研究一番，再结合领导平时的讲话特点、最近的关注点，弄清楚领导想讲什么。

替领导写讲话稿，尤其要注意体现两个"度"，一个是高度，另一个是深度。高度是指思想高度，领导讲话自然要高屋建瓴、引人深思，讲宏观、讲大局、讲战略、讲方向，不能说来说去全是这项工作怎么干、那个事情怎么处理。领导即便要说某件事怎么做，也一定是说通用的办法、可复制的套路，而不是手把手教你怎么做。深度是指分析深度，重点分析通用问题、重要问题、疑难问题，不说琐碎的事、无关的事、不重要的事。分析问题是为了解决问题，所以对事情的调查、挖掘越深入越好，掌握的细节越多越好。要在掌握一手资料和事实的基础上，提炼出根本的、通用的解决方法。

4.2 开幕词

1. 开幕词的定义

在大型会议或活动上，往往需要领导致辞发言，宣布会议、活动开始或结束，这就是开幕词和闭幕词，二者相互呼应。

2. 开幕词的要素

开幕词主要包括标题、署名、讲话日期、称谓和正文五个要素（见图 4-2）。

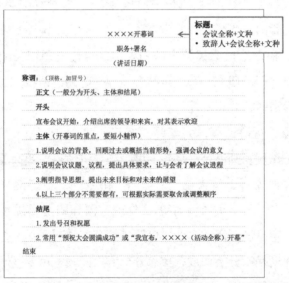

图 4-2　开幕词通用格式

（1）标题

标题有以下两种形式。

- "会议全称 + 文种"，如"××年度总结会议开幕词"。

- "致辞人 + 会议全称 + 文种"，如 "× × 在 × × 年度总结会议的开幕词"。

（2）署名

在标题下方写致辞人的职务和姓名，如果标题中已署名，此处不用再署名。

（3）讲话日期

在署名下方写讲话日期，用括号括起来。

（4）称谓

在正文之前顶格写称谓，如 "同志们""各位同事""各位领导"等；一般采用从高到低、先特称后全称、先女后男的顺序，如 "尊敬的各位来宾，女士们、先生们"。

（5）正文

正文一般分为开头、主体和结尾三个部分。

开头在称谓下一行，空两格开始写。内容一般是宣布会议开始，介绍出席的领导和来宾，对其表示欢迎。

主体是开幕词的重点，要短小精悍。

- 说明会议召开的背景，回顾过去或概括当前形势，强调会议的意义。
- 说明会议议题、议程，提出具体要求，让与会者了解会议进程。
- 阐明指导思想，提出未来目标和对未来的展望。

以上三个部分并非每一篇开幕词都包含，可根据实际需要取舍或调整顺序。

结尾可以发出号召和祝愿，常用 "预祝大会圆满成功" 或 "我宣布，× × × ×（活动全称）开幕" 结束。这种开幕词简短有力，可以把开幕式的气氛推向高潮。

4.3 演讲稿

1. 演讲稿的定义

演讲稿用于发表自己的主张和见解，往往具有鼓动性和宣传教育意义。

根据内容和性质的不同，演讲可分为以下几类。

- 就职演讲：新领导上任后的演讲，如蔡元培就职北大校长时的演讲。
- 学术演讲：学术交流活动中的演讲，如施一公的主题为"生命科学认知的极限"的演讲。
- 内部演讲：在企业内部鼓励员工的演讲，如任正非在华为内部的演讲。

演讲稿具有以下三个特点。

- 内容宽泛。大部分公文是专项性公文，侧重于对贯彻某项决策提出明确要求，指示下级应当干什么和怎么干，而演讲稿涉及的范围更宽泛，在提出工作任务和要求之余，还要阐明意义，讲出"为什么做"的道理来。
- 结构灵活。演讲稿主要包含五个要素，但实际使用时很灵活，可根据实际需要删减。
- 用词口语化。演讲稿也要结构清晰、逻辑严密。不过，演讲稿作为口头表达类文稿，用词更加口语化。

2. 演讲稿的要素

演讲稿主要包括标题、署名、演讲日期、称谓和正文五个要素（见图 4-3）。

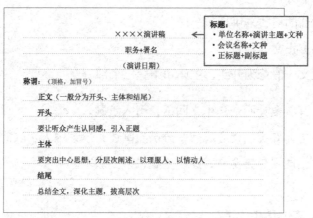

图 4-3　演讲稿通用格式

（1）标题

标题有以下三种形式。

- "单位名称＋演讲主题＋文种"，如"××公司××××年年度演讲"。
- "会议名称＋文种"，如"在亚洲博鳌论坛第十一次年会上的演讲"。
- 双标题，正标题说明主题，副标题说明演讲的场合和日期，如"携手迎接挑战，合作开创未来——在博鳌亚洲论坛××××年年会开幕式上的演讲"。

（2）署名

在标题下方写演讲人的职务和姓名，如果标题中已署名，此处不用再署名。

（3）演讲日期

在署名下方写演讲日期，用括号括起来。

（4）称谓

称谓的格式与讲话稿一样。

（5）正文

正文一般分为开头、主体和结尾三个部分。

- 开头要让听众产生认同感，引入正题。
- 主体要突出中心思想，分层次阐述，以理服人、以情动人。
- 结尾要总结全文，深化主题，拔高层次。

3. 演讲稿怎么写

演讲稿写作可以分为四个步骤。

（1）摸准领导意图

领导看问题、想工作，往往着眼于全局，视野开阔，注重战略和整体利益。层次越高的领导，这个特点表现得越明显。这就要求秘书或助理在写作之前摸准领导意图，界定写作范围，确定演讲话题。在写作之前，要明确演讲场合、中心议题及听众，针对听众的身份、兴趣点写作；要明确领导以什么身份出场，按照其会议分工写作。起草前一定要细心听领导对打算讲什么、怎么讲的提示，先把大纲写出来。如果有不明白的地方，一定要想方设法问清楚。

（2）收集素材

有了大纲，就可以进入素材收集阶段了。写得好的演讲稿应该"写得像"，也就是领导读起来感觉很亲切，就像是自己写的。这就需要秘书或助理注意素材的使用。演讲稿的素材一般有两个来源，一是领导经常使用的关键词和句子，二是领导喜爱的演讲稿。

（3）起草

起草的过程实际上是一个再运筹、再思维、再创造的过程。面对一大把素材、一大堆资料，如何表达和深化主题，提炼和阐明观点，组织和取舍材料，理顺和展开层次，怎样起承转合、遣词造句等，都是很艰难的任务。要着眼于应用，着力于写实，做到既提出和分析问题，又回答怎么解决问题；既提出过河任务，又提供过河方法。尽量做到演讲主题突出，结构框架清晰，逻辑顺序严密，语言风格自然。

（4）修改并定稿

好的稿子都是改出来的，初稿写好之后，先自己推敲修改，再发给领导，然后根据领导的意见精心打磨。如此几遍，稿子基本就写好了。

演讲稿与其他公文最大的不同之处有两点。一是演讲稿围绕某一特定主题展开。写演讲稿就像写一篇议论文，要明确论点是什么、论据是什么、论据之间如何互为补充、所有论据如何从各个方面支撑论点，整体的逻辑架构、各部分如何相互承接都要清楚。任何一篇演讲稿，如果内在逻辑不通，是绝无可能打动听众的。二是演讲稿作为口头表达类文稿，要用"阅读模式"写，而其他公文多用"写作模式"写。"写作模式"就是我们平时最熟悉、最常用的写作方式，思想直接从大脑通到笔尖，变成一个个文字，往往让人觉得说理有余、热情不足。而"阅读模式"是带着朗读的心情去写，把自己代入讲话现场去写。写作者要想象自己此刻就站在讲话现场，正面对听众，思考如何开始此次讲话。在"阅读模式"下，思想要在嘴巴里绕个道，润滑一番，磨去文中不平、不顺之处，再流淌到笔下，变成一串串文字。在"阅读模式"下写的文章，不仅要文脉清晰、文笔通畅，更要动人至深。

4.4 会议记录

1. 会议记录的定义

会议记录是在会议过程中将会议情况和会议内容如实记录下来而形成的文书，是会议结束后回顾、检查、总结工作或分析、研究、部署下一步工作的重要依据。

会议记录有以下三个特点。

- 真实准确。不论发言详略，都要如实记录，不能夹杂个人感情，更不能随意增删更改。
- 高效及时。做会议记录要高效及时，做到随发言随记录。
- 不漏要点。会议内容必须记录完整，包括会议名称、会议情况、会议内容等。如有必要，为了保证完整性，还需要记录会议动态，如掌声、临时插话等。

2. 会议记录的要素

会议记录主要包括标题、会议概况、正文和落款四个要素（见图 4-4）。

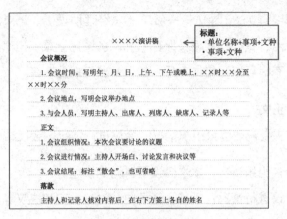

图4-4 会议记录通用格式

（1）标题

标题有以下两种形式。

- "单位名称＋事项＋文种"，如"××公司安全生产培训会议记录"。
- "事项＋文种"，如"党委会会议记录"。

（2）会议概况

相关要求如下。

- 会议时间：写明具体时间，包括年、月、日，上午、下午或晚上，××时××分至××时××分。
- 会议地点：写明会议举办地点，如"××会议室"。
- 与会人员：写明主持人、出席人、列席人、缺席人、记录人等，如"主持人——张三（市场部总监）；出席人——李四（总经理）、王五（副总经理）；列席人——周六（市场一部经理）、赵七（市场二部经理）；缺席人——刘大（市场三部经理）；记录人——钱二（总经理助理）"。记录顺序不能混淆、错位，严格按照部门和职务顺序记录。出席人、列席人有时可以写集体名号，如"各部门总监"等。

（3）正文

正文主要说明会议组织情况、会议进行情况、会议结尾等。

- 会议组织情况：本次会议要讨论的议题。
- 会议进行情况：主持人开场白、讨论发言和决议等。
- 会议结尾：标注"散会"，也可省略。

（4）落款

主持人和记录人核对内容后，在右下方签上各自的姓名。

3. 会议记录与会议纪要的区别

会议记录与会议纪要都是对会议的记录，但两者在性质、功能、内容和形式上有不同之处，如表 4-1 所示。

表 4-1　会议记录与会议纪要的不同之处

不同之处	会议记录	会议纪要
性质	不属于法定公文，是内部用于记录会议发言的事务类文书	法定公文
功能	一般不公开，也无须传达或传阅，只作资料存档	在一定范围内传达或传阅，列入其中的事项需要共同遵守执行
内容	包含详细的原始记录，不能遗漏重要内容，也不能添枝加叶	在会议记录的基础上，经过综合分析，按照一定的逻辑顺序撰写，体现会议要点即可
形式	没有统一的要求	遵守法定公文的规范

第**5**章
规章类公文写作

5.1 章程

1. 章程的定义

章程是政府、社会团体、企事业单位的纲领性文件，用于规定本组织的性质、宗旨、任务、机构设置、成员条件、成员的权利和义务、活动形式等。例如，中国共产党制定了《中国共产党章程》，注册开办公司的时候要提供《××××公司章程》，举办比赛的时候要制定《××××大赛章程》。

2. 章程的特点

章程具有以下四个特点。

- 准则性。章程是所有组织在设立时必须制定的文件，一旦组织获准成立，章程就开始作为组织各类活动的准则和根据。
- 程序性。发布章程要遵守严格的程序，一般先以草案的形式发布，在广泛听取意见后，经组织的权力机构批准才能通过。
- 稳定性。章程是组织的基本纲领和行动准则，是开展经济活动、管理活动等的准则，应当保持相对稳定，不能轻易变动。

- 约束性。组织的所有成员及下属组织必须遵守组织的章程，章程具有一定的约束力。

3. 章程的要素

章程主要包括标题、通过时间及会议、正文三个要素（见图 5-1）。

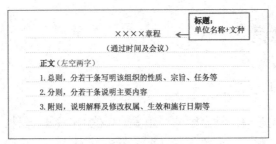

×××× 章程

（通过时间及会议）

正文（左空两字）

1. 总则，分若干条写明该组织的性质、宗旨、任务等
2. 分则，分若干条说明主要内容
3. 附则，说明解释及修改权属、生效和施行日期等

标题：
单位名称+文种

图 5-1　章程通用格式

（1）标题

标题常用"单位名称+文种"的形式，如"××公司章程""××协会章程"等。

（2）通过时间及会议

在标题下方写清楚什么时间、在什么会议上通过章程。

（3）正文

正文采用典型的章条式结构，分为总则、分则和附则。

- 总则：分若干条写明组织的性质、宗旨、任务等。
- 分则：分若干条说明主要内容。
- 附则：说明解释及修改权属、生效和施行日期等。

4. 章程的分类

章程可分为组织章程、业务章程和规范章程三种。

（1）组织章程

组织章程（见图5-2）最为常见，这类章程主要用来规范成员行为，内容一般包括组织的宗旨、性质、任务、机构设置、活动形式、纪律、经费来源，以及成为组织成员的条件、成员的权利和义务等。

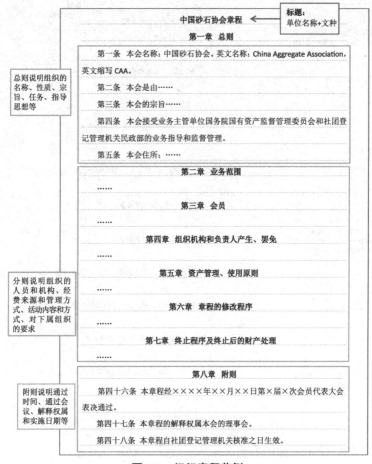

图 5-2　组织章程范例

137

总则说明组织的名称、性质、宗旨、任务、指导思想等。

分则说明组织的人员和机构、经费来源和管理方式、活动内容和方式、对下属组织的要求等。

（2）业务章程

业务章程（见图5-3）主要用来规范企业内部业务经营活动和管理活动，包括企业的名称、住所、经营范围和经营管理制度等。

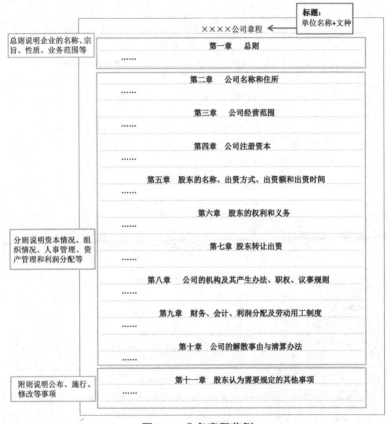

图5-3　业务章程范例

总则说明企业的名称、宗旨、性质、业务范围等。

分则说明资本情况、组织情况、人事管理、资产管理和利润分配等。

附则说明公布、施行、修改等事项。

（3）规范章程

规范章程（见图 5-4）主要用来制定某项活动的准则和依据，包括宗旨、口号、目标、具体的安排和要求等。

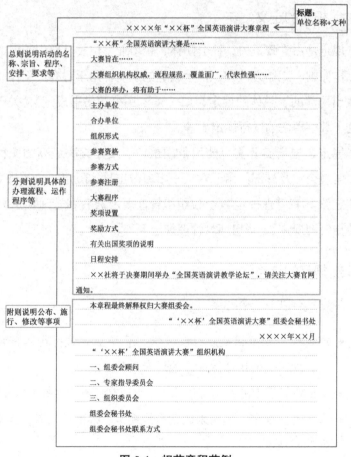

图 5-4　规范章程范例

总则说明活动的名称、宗旨、程序、安排、要求等。

分则说明具体的办理流程、运作程序等。

附则说明公布、施行、修改等事项。

5.2 规定

1. 规定的定义

规定是由党政机关、社会团体、企事业单位及其部门制定的关于工作原则、工作方法和工作手续等的条规，用于对有关工作或事项做出局部的、具体的规定，如《××图书馆借书规定》《关于出版物上数字用法的试行规定》等。

规定是规章类公文里使用范围最广、使用频率最高的文种之一，常被企业及其部门用于对某一事项做出具体限定，如《公文管理规定》《印章管理规定》《会议组织管理规定》《司机管理规定》《车辆使用管理规定》《费用预算管理规定》等。

2. 规定的特点

规定具有以下三个特点。

- 广泛性。国家机关、社会团体、企事业单位都可以使用规定，规定是使用范围最广的规章类公文之一。

- 灵活性。规定的使用比较灵活，常以文件或附件的形式发布。

- 限定性。规定一般用来制定行为规范、办事准则等，具有很强的限定性。

3. 规定的要素

规定主要包括标题、通过时间及会议、正文三个要素（见图 5-5）。

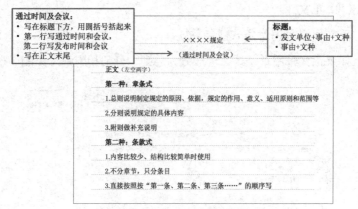

图 5-5　规定通用格式

（1）标题

标题有以下两种形式。

- "发文单位 + 事由 + 文种"。

- "事由 + 文种"。使用这种形式时，应另起一行写发文单位和发布日期。

注意，如果是暂行或试行规定，需要在文种前面加上"暂行"二字，如"××图书馆借书暂行规定"；或者用圆括号将"试行"二字括起来，放在最后，如"××图书馆借书规定（试行）"。

（2）通过时间及会议

通过时间及会议有以下几种形式。

- 写在标题下方，用圆括号括起来。

- 第一行写通过日期及会议，第二行写发布日期及会议。该形式常用于规格较高、涉及范围较广的规定。
- 写在正文末尾。

（3）正文

正文可以采用章条式或条款式。

如果正文采用章条式，一般分为总则、分则和附则（见图 5-6）。

图 5-6 规定范例（章条式）

- 总则说明制定规定的原因、依据，规定的作用、意义、适用原则和范围等。例如，在《司机管理规定》里，开头可以写"为规范公司司机工作、管理公司用车、规范各部门用车、合理使用公司资源，特制定此规定，请严格遵守"。

- 分则说明规定的具体内容，包括对操作人或使用人的具体规定、对事务处置的具体规定等。例如，在《公章管理规定》里，一般都会说明公章使用流程、每个环节的责任人、盖章要求等。

- 附则做补充说明。

如果内容比较少、结构比较简单，正文可以采用条款式，不分章节，只分条目，按照"第一条、第二条、第三条……"的顺序直接写即可。

5.3 守则

1. 守则的定义

守则是由党政机关、社会团体、企事业单位及其部门根据上级有关精神和实际需要制定的，要求其成员遵守的行为准则，如《××公司职工守则》《××公司汽车驾驶员守则》《××学校学生守则》。

2. 守则的特点

守则具有以下三个特点。

- 全面性。守则是对特定人群提出的多方面要求，涉及的内容比较全面。
- 务实性。守则的内容应务实有效，贴合实际。
- 简洁性。守则一般篇幅短小、逻辑清晰、流畅易懂。

3. 守则的要素

守则一般只有标题和正文两个要素（见图 5-7）。

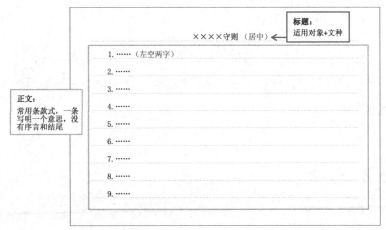

图 5-7　守则通用格式

（1）标题

标题常用"适用对象 + 文种"的形式，如"员工守则"（见图 5-8），有时会在标题下方用圆括号注明"试行草案"或通过时间及会议。

（2）正文

正文既可以采用章条式，也可以采用条款式。守则一般比较简短，所以常用条款式，一条写明一个意思，没有序言和结尾。

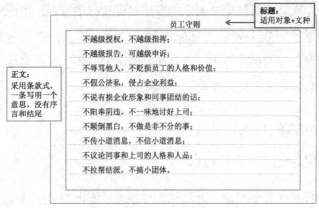

图 5-8　守则范例（条款式）

4. 守则与准则的区别

守则与准则这两种规章类公文容易被弄混，在写作时要注意二者的不同之处（见表 5-1）。

表 5-1　守则与准则的不同之处

不同之处	守则	准则
适用对象	个体	个体或群体
内容	侧重于纪律、作风、态度	侧重于职业道德、行为方式、行为目标、评价标准

5.4　制度

1. 制度的定义

制度是由党政机关、社会团体、企事业单位及其部门针对某项具体工作或某个具体事项制定的办事章程和行动准则，组织所属人员必须遵守，如《××市环保局廉政制度》等。当企业需要规范企业管理、管理员工行为、提高运行效率的时候，往往会通过制度提出一系列要求，如《安全生产制度》。

2. 制度的特点

制度具有以下三个特点。

- 针对性。制度是针对具体工作或事项提出的要求和规定。
- 约束性。制度是组织的办事章程和行动准则，组织所属人员必须遵守，因此制度具有一定的约束性。
- 稳定性。制度会在较长的时间内保持稳定，不会经常改变。

3. 制度的要素

制度主要包括标题、通过时间及会议、正文三个要素（见图5-9）。

（1）标题

标题有以下两种形式。

- "发文单位＋事由＋文种"。
- "事由＋文种"。

（2）通过时间及会议

通过时间及会议一般写在标题下方，用圆括号括起来。

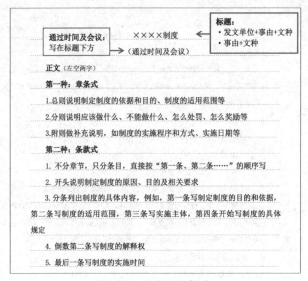

图 5-9 制度通用格式

（3）正文

正文可以采用章条式或条款式。

如果采用章条式，正文一般分为总则、分则和附则，总则说明制定制度的依据和目的、制度的适用范围等；分则说明应该做什么、不能做什么、怎么处罚、怎么奖励等；附则主要做补充说明，如制度的实施程序和方式、实施日期等。

如果采用条款式，正文一般不分章节，只分条目，直接按"第一条、第二条、第三条……"的顺序写。开头说明制定制度的原因、目的及相关要求，再分条列出制度的具体内容，例如，第一条写制定制度的目的和依据，第二条写制度的适用范围，第三条写实施主体，第四条开始写制度的具体规定，倒数第二条写制度的解释权，最后一条写制度的实施时间。

图 5-10 是一个制度的范例，仅供参考。

标题：
发文单位+事由+文种

××有限公司费用报销制度

一、目的

为了加强公司的财务管理工作，控制费用，提高效率，统一各部门的报销程序及规定，保证财务支出审核审批管理工作健康、及时、有序地运行，根据国家有关法律法规，现结合公司具体情况，特制定本制度。

二、适用范围

本制度适用于××有限公司全体员工。

三、权责

1.各部门负责报销申请核定。

2.相关部门主管、经理、总经理、董事长负责报销申请核准。

正文采用条款式，不分章节，只分条目，直接按"第一条、第二条、第三条……"的顺序写

3.财务部负责费用的核对、报销等具体工作（财务部在执行报销过程中起监督作用，只对符合有关制度规定、提供完整报销单据、经授权人核准的费用办理报销。报销必须依据合法单据，严禁使用白条、收据报销）。

四、报销的具体要求

1.发票的基本要求

2.报销单填写要求

3.附件要求

4.报销时效要求

5.报销审批付款流程

五、注意事项

1.财务部票据审核人员在审核票据的过程中，如对相关票据有疑问，可询问报销人员，报销人员要对有疑问的地方做出合理的解释，如解释不被接受，则相应的费用不予报销。

2.费用报销人员对所报销的单据和金额负完全的责任，严禁虚报、多报、假报。经查核属虚假凭证的，此笔费用不予报销。

3.财务人员有权对一切报销单据和所发生的经济业务的合理性、合法性、真实性进行审核，若违反本制度，一律不予报销。

4.本制度解释权归公司财务部。

5.本制度经总经理办公室会议讨论通过并由董事长或授权人签字生效。

图 5-10　制度范例

第 **6** 章

经济类公文写作

6.1　市场调研报告

1. 市场调研报告的定义

市场调研报告是调研报告的一种，是组织或个人选取合适的调研方法，对行业、消费者、产品或竞争对手的信息进行收集、整理、分析，最终写成的报告。

2. 市场调研报告的特点

市场调研报告有以下三个特点。

- 针对性。市场调研报告是针对某一具体问题展开调查研究而写成的报告。
- 准确性。市场调研报告所用的材料必须真实可信、准确度高，报告才具有使用价值。
- 及时性。撰写市场调研报告的目的是为决策服务，所以必须及时高效。

3. 市场调研报告的分类

市场调研报告有多种分类方式，比较常见的是按调研范围分类、按调研对象分类、按调研内容分类，如图 6-1 所示。

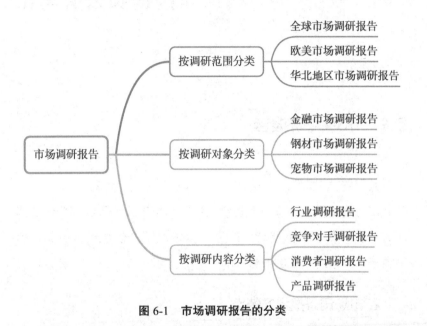

图 6-1　市场调研报告的分类

开展调研时，一定要先确定调研对象（如金融市场或宠物市场），再确定调研范围（如全球市场或某个地区市场），然后继续细化，确定调研内容（见图 6-2）。

4. 市场调研的方法

市场调研方法有很多种，可以按不同的方式分类（见表 6-1）。

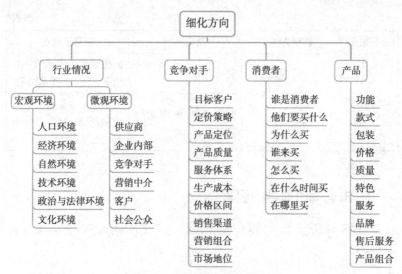

图 6-2　调研内容细化方向

表 6-1　常见的市场调研方法

分类依据	调研方法	调研内容	应用及优点
数据来源	桌面调研法（二手数据调研法）	利用现有资料开展调研	为实地调研提供背景资料，直接解决一些问题，提醒遗漏点和不足之处
	实地调研法（一手数据调研法）	专门组织实地活动进行调研	获得一手资料，弥补二手资料的不足
内容性质	探索性调研	调研某些现象或变量之间是否有关联	适用于对陌生领域的调研，常用二手数据和焦点小组座谈
	描述性调研	调研某一变量的总体特征	适用于调研市场潜力、消费群体结构、行业竞争情况等
	因果性调研	调研改变某因素是否会引起另一个因素的改变，目的是识别变量之间的因果关系	适用于调研不同价格对销售额的影响程度

（续表）

分类依据	调研方法	调研内容	应用及优点
调研主体	自行调研	自己调研	适用于企业内部的一般调研，优点是节省经费
	委托调研	委托专业机构进行调研	适用于企业做重大决策前的调研，优点是效率高、更专业

5. 市场调研报告的要素

市场调研报告主要包括标题、正文和落款三个要素（见图 6-3）。

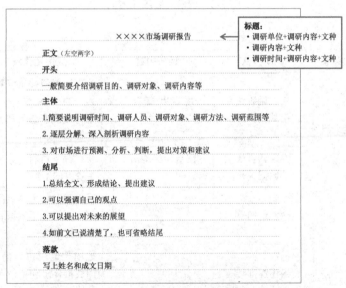

图 6-3　市场调研报告通用格式

（1）标题

标题有以下三种形式。

- "调研单位 + 调研内容 + 文种",如"市场部关于洗发水市场的调研报告"。
- "调研内容 + 文种",如"洗发水市场调研报告"。
- "调研时间 + 调研内容 + 文种",如"××××年洗发水市场调研报告"。

标题可根据调研对象、调研范围、调研内容来定。报告类型不同,标题的侧重点也不同。

- 如果是调研行业情况,标题要突出环境因素,如"××××对钢铁行业的影响"。
- 如果是调研消费者需求,标题要简单直接,点明主题,如"××牌口红消费者满意度调查"。
- 如果是调研产品情况,标题要点明调研的产品及方向,如"××酱油在××市场的发展前景预测报告"。

(2)正文

① 开头

开头一般简要介绍调研目的、调研对象、调研内容等。常见写法有以下四种。

第一种,开门见山,说明调研目的,直奔主题。示例如下。

本次调研的目的是了解企业用人标准,真实掌握企业招聘大学生时的要求,并将相关信息及时反馈给高等院校,促进大学生就业。希望此次调查的结果能作为大学生在校期间学习的参考,并对大学生就业起到一定的引导作用。

第二种,先抛出结论,再逐步论证。示例如下。

我国是茶叶的发源地，茶区分布广、资源丰富，茶叶种类之多堪称世界之最。我国茶叶出口的六大市场分别是×××、×××、×××、×××、×××和×××。尽管国际市场对产品质量的要求越来越高，但从总体来看，我国茶叶产业正处于快速发展阶段，总体向上的趋势并未改变。相信随着我国茶叶种植、生产水平的迅速提高，产品安全体系日趋完善，我国茶叶的优势会越来越显著，世界各国对我国茶叶的消费会逐步增加。

第三种，先说明背景，再逐层分析，最终得出结论。示例如下。

南京房地产开发投资额仍在增长，销竣比显示供需仍不平衡。××××年南京房地产开发累计投资额为445.97亿元，同比增长27%，××××年1~2月房地产开发完成投资额为77.2亿元，同比增长41%。××××年以来，平均销竣比为2.64，××××年全年呈现供不应求的局面，可是××××年前两个月销售面积跟不上竣工面积，主要原因可能是受市场"拐点论"的影响。

第四种，提出问题，引入正题。示例如下。

特种车改装行业市场前景及现状如何？特种车改装行业作为国民经济的组成部分，具有较高的生产效率，在知识经济条件下，其在国民经济中的比重将逐步提高，其发展对国民经济增长起着越来越大的促进作用。特种车改装行业具有极强的适应性和渗透力，与其他产业之间存在很强的前向和后向关联性，能够促进其他产业的改造、升级及生产效率的提高，带动和推动其他产业的发展，进而间接地促进经济增长。

②主体

写市场调研报告不用拘泥于特定的格式，可根据实际需要写作。

主体可以先介绍调研时间、调研地点、调研对象等基本情况，再说明调研思路、调研方法，为什么选择这些方法，所选用的方法有哪些优缺点，有时还要说明数据采集方法和数据处理方法等。在写作时，可以根据实际需求做灵活调整。

首先，简要说明调研时间、调研人员、调研对象、调研方法、调研范围等。示例如下。

20××年××月××日至20××年××月××日，我们实践小组共5人通过走访××市知名企业、各大人才市场及发放网络问卷三种方式开展此次调查，共发放120份问卷，回收有效问卷50份，部分企业名单如下：××食品厂、××××药业有限公司、××××有限公司等。

然后，逐层分解、深入剖析调研内容，按照一定的逻辑，由主到次、由表及里地说明调研结果（见图6-2）。该部分是市场调研报告的主要内容，写作时要注意以下几点。

- 调研主题要突出。始终围绕调研主题写作，不偏离主题、不盲目堆砌资料。
- 结构安排要得当。思路要清晰，结构层次要分明，可以先列写作提纲再动笔。
- 资料使用要准确。对信息、资料、数据、图表等的解释要准确，不能出现错误解读。
- 材料分析要适度。对材料的定量、定性分析要适度，分析过多则冗余，过少则不能支撑结论。
- 图表数据要使用。可以利用图表、数据等辅助说明，使报告更有说服力。

- 论据支撑要充分。调研资料要充足，调研方法要多样，能够互相补充，完善调研过程。

最后，对市场进行预测、分析、判断，提出对策和建议。

③ 结尾

结尾一般要总结全文、形成结论、提出建议，既可以强调自己的观点，也可以提出对未来的展望。如果前文已经说得很清楚了，该部分也可以省略。

（3）落款

在文末写上姓名和成文日期。

6.2 商业计划书

正在成长的中小型企业或正在大规模扩张的创业公司往往有融资需求，有融资需求就要写商业计划书。商业计划书就像一份简历，它在很大程度上决定了投资者是否给寻求融资的公司"面试"机会。出色的商业计划书可以打动投资者，让他们认可提出该计划的公司，从而推动融资进程。

1. 商业计划书的定义

商业计划书是公司为了实现融资等目标，按照一定的格式和内容要求，全方位展示公司情况、项目情况、产品情况、团队情况等的一种书面材料。

2. 商业计划书的要素

商业计划书的格式基本固定，一般包括项目痛点、解决方案、市场规模、产品情况、商业模式、竞品分析、财务测算、融资需求、创业团队等要素。

（1）项目痛点

用简单、直白、易懂的语言，告诉投资者你做了什么产品，要为哪些人解决什么问题，这样投资者才有继续往下看的兴趣。

下面以爱彼迎的商业计划书为例，介绍商业计划书应该怎么写。在项目痛点这个部分，可以用一句话介绍自己做了什么产品（见图 6-4），要解决什么痛点（见图 6-5）。

```
气垫床和早餐

除了在酒店，你还可以在 Airbnb 预订房间和早餐。
```

图 6-4　产品介绍

```
价格：消费者在线预订房间时最关注的。
酒店：让你脱离了旅行目的地所在的城市及其文化。
没有简便的方式向当地人预订房间或成为房东。
```

图 6-5　项目痛点

（2）解决方案

说明现有的解决方案是什么，自己提出的解决方案好在哪里。

在解决方案这个部分，可以简要说明自己打算怎么解决这个问题，与市场上现有的产品相比，自己的产品有哪些独到之处，为什么用户更愿意用自己的产品，而不是其他人的产品（见图 6-6）。

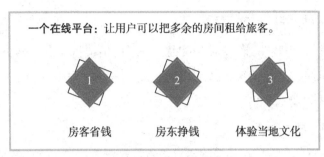

图 6-6　解决方案

（3）市场规模

分析市场前景，不用详细介绍市场历史，重点介绍市场容量、市场增长速度等。

在市场规模这个部分，可以介绍企业所处行业的现状、发展空间、销售额、主要发展趋势、驱动因素，如何细分市场、为什么这么细分，目标客户群体、各细分市场的规模和增长速度、预期市场份额等（见图 6-7）。简单来说，就是让投资人看到的这个市场有多大，公司能不能持续盈利。

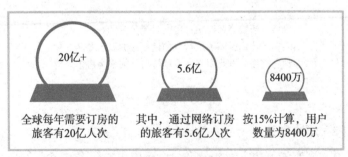

图 6-7　市场规模

（4）产品情况

说明自己的产品在什么场景下使用，能为用户带来什么价值。

在产品情况这个部分，可以详细说明产品成本、用户接触产品的路径，以及如何让更多的用户接触产品、用户在什么场景下使用产品等。

（5）商业模式

说明卖什么产品，市场定位是什么，针对哪些群体，怎么做推广，获得收入及实现盈亏平衡的时间点。

在商业模式这个部分，要把整个业务的商业逻辑讲清楚。如何将产品方案落地、如何推广产品等是投资者非常关心的问题（见图 6-8）。

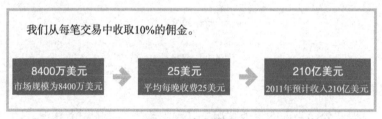

我们从每笔交易中收取10%的佣金。

8400万美元	25美元	210亿美元
市场规模为8400万美元	平均每晚收费25美元	2011年预计收入210亿美元

图 6-8　商业模式

（6）竞品分析

说明自己的核心优势是什么（与竞争对手相比），如产品优势、商业模式优势或团队优势。

在竞品分析这个部分，可以分析自己有哪些竞争对手，他们的目标市场是什么，他们采用什么竞争策略，竞争对手在各方面的表现如何、未来的潜力如何等（见图 6-9）。

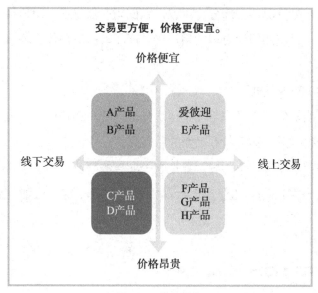

图 6-9　竞品分析

（7）财务测算

说明公司当前的财务状况，并预测未来 5 年的财务状况。

在财务测算这个部分，可以说明资产流动性（5 年内的现金流入及流出、筹资安排和现金储备等）、收益预测（5 年内的销售收入、成本及费用、净利润等）和资产负债表预测（5 年内）。

（8）融资需求

说明融资使用计划，以及未来 12 个月的重点方向（见图 6-10），如产品、团队、营销等。

在融资需求这个部分，可以告诉投资者自己需要多少钱，以及拿到这些钱后打算怎么用，也就是公司的财务计划及运营思路和运营重点。

我们希望融资金额能让我们撑12个月，交易量做到8万笔，12个月实现营收200万美元。

500万美元　　　8万笔　　➡　200万美元

天使轮融资　　　交易量　　　　营收

图 6-10　财务预算及融资需求

（9）创业团队

说明自己的团队有哪些人，他们有哪些经验，你们之间的关系如何。

在创业团队这个部分，要强调团队成员与项目的匹配度。例如，如果你做的是科技创新类项目，你在介绍团队的时候就要着重介绍技术专家、行业专家等角色（见图 6-11）。

1　乔·杰比亚，负责用户体验

2　布莱恩·切斯基，负责市场拓展及品牌

3　内森·布莱卡斯亚克，负责研发

图 6-11　创业团队

如果以 PPT 的形式撰写商业计划书，一定要控制页数，一般15 页以内就够了。注意，不要整页都是文字，要适当地使用图片和表格。

6.3 标书

招投标是在进行大宗货物买卖、服务项目采购、工程建设项目发包承包等活动时采用的一种交易方式。完整的招投标包括招标（招标的分类见表 6-2）、投标、开标、评标和中标等。在招标和投标阶段需要编制招标书和投标书。

表 6-2　招标的分类

分类依据	招标类型
招标方式	公开招标、邀请招标
招标范围	国际标、国内标
标的属性	工程标、货物标、服务标

1. 标书的定义

标书分为招标书和投标书，两者相互对应，先有招标书，后有投标书。

招标书是指招标人用于公布招标项目、招标内容、投标要求等的说明性文书。

投标书是指投标人按照招标人要求，提出报价和承办申请的文书。因为投标书需要密封后邮寄或派专人送到招标单位，所以也常被称为"标函"。投标是承办单位比拼实力、技术、价格、信誉的过程，投标最终能否成功与投标书的质量有很大的关系。

标书有多种分类方式，可以按内容、范围、时限、计价方式等分类。

2. 标书的要素

招标时要通过广告、通知、公告等形式对外发布信息。无论采用哪种招标方式，标书的结构都大同小异，一般包括标题和正文两个部分，招标书和投标书的正文部分略有不同。

（1）标题

标题有以下几种形式。

- 直接写"招标书"或"投标书"。
- "招/投标单位＋招/投标项目＋文种"，如"××大学图书馆装修工程招标书""××建筑公司关于承建××工程投标书"。
- "招/投标单位＋文种"，如"××大学招标书""××建筑公司投标书"。

（2）正文

招标书正文主要包括程序条款、商务条款、技术条款等内容，可细分为表 6-3 所示的 8 个模块。

表 6-3　招标书正文内容

模块	内容
招标公告	招标方式、招标条件、项目概述、招标范围、投标人资格要求、投标报名方式、招标文件获取、投标文件递交、发布公告媒介、联系方式等
投标人须知	招标程序，投标者应遵守的规定，投标文件的基本内容、份数、形式、有效期、密封方式，评标方法，评标原则，招标结果处理，合同授予及签订方式，投标保证金等
评标办法	评标程序、评标方法、否定评标条件

（续表）

模块	内容
合同条款及格式	双方经济关系的法律基础，包括售后服务、质量保证、主保险费用等特殊要求
工程量清单	工程量清单要求
图纸	图纸要求
技术标准和要求	施工工艺、工程质量、检验标准，包括总纲、工程概况及分期工程对材料、设备和施工技术的质量要求等
投标文件格式	招标函、投标文件内容汇总表、法定代表人身份证明、授权委托书、投标保证金、承诺书、商务偏离表、已标价工程量清单、技术偏离表、项目管理机构情况（机构组成表、主要人员简历、承诺书）、资格审查资料（营业执照、资质证明、安全生产许可证）、法人或被委托人社保记录、项目人员资质证书、项目负责人社保记录、投标保证金电子回执单、招标文件要求的其他资料（开户许可证，各类承诺，包括分包承诺、农民工工资保证金承诺、无不良记录和无行贿承诺、信誉承诺，未被人民法院列为失信被执行人、信用中国自查信用截图，企业资质、证书查询截图等）

写招标书时要注意以下事项。

- 做好市场调研。招标要求必须符合市场运作基本规律。

- 内容周密严谨。写明招标范围、资质要求、技术要求、价格要求等，不留漏洞。

- 规范技术要求。注明各项技术要求的标准等级，如国家标准、行业标准或公司标准。

- 用词准确。无论定性说明还是定量说明，都应准确，不能有歧义。

相比于招标书，投标书的写作简单得多，按照招标书给出的投标文件格式，详细说明情况即可，不能随意增删项目，否则可能导致废标。

投标书内容可分为商务标、经济标和技术标三个部分。其中，商务标用来展示公司资质，经济标用来展示公司价格优势，技术标用来展示公司技术实力（见表6-4）。

表 6-4　投标书内容

商务标	经济标	技术标
投标函	报价封面	施工部署
投标文件内容汇总表	投标报价汇总表	施工现场平面布置图
法定代表人身份证明	规费、税金项目清单与计	施工方案
授权委托书	价表	施工技术标准
投标保证金	措施项目清单与计价表一	施工组织及施工进度
承诺书	措施项目清单与计价表二	计划
商务偏离表	单位工程量清单汇总表	施工机械设备配备
已标价工程量清单	分部分项工程量清单	情况
项目管理机构情况	零星项目计价表	质量保证措施
资格审查资料	已供材料价格表	工期保证措施
法人或被委托人社保记录	单价分析表	安全施工措施
项目负责人社保记录		文明施工措施
项目人员资质证书		
投标保证金电子回执单		
招标文件要求的其他资料		

写投标书时要注意以下事项。

- 明确招标要求。招标书中有明确的招标要求，一定要仔细研究招标书，有针对性地撰写内容。

- 内容具体明确。详细介绍投标公司情况，包括公司资质、公司实力、公司优势等。

- 用词准确。写招标书时不可含糊其词、模棱两可，以免让招标方误解。

- 避免废标。招标书中有明确的废标条件，一定要仔细阅读招标书，避免废标。
- 注重投标时效。招标方会规定投标时限，务必注意投标书寄达或送达时间。

6.4　合同

相信大家对合同都不会感到陌生，租房要签租房合同，入职要签入职合同，晋升至一定职位时可能需要代表公司跟其他公司签订各类合同。因此，对职场人来说，学习怎么看合同、起草合同是非常有必要的。

1. 合同的定义

《中华人民共和国合同法》对合同的定义是："合同是平等主体的自然人、法人、其他经济组织之间设立、变更、终止民事权利义务关系的协议。"

2. 合同的分类

合同有很多种，可以依据订立方式、订立主体、合同期限等进行分类（见表6-5）。

合同的种类繁多，我们不可能掌握所有合同的细节，只要了解工作中常用的几种合同就可以了。例如，行政人员要了解劳动合同、租赁合同等，业务人员要了解业务合同、供货合同等。

表 6-5　合同的分类

分类依据	合同类型
订立方式	口头合同、书面合同
订立主体	单位合同、个人合同
期限	短期合同、中期合同、长期合同
形式	条款式合同、表格式合同、条款表格相结合式合同
性质	转移财产的合同、完成工作的合同、提供劳务的合同
是否立刻交付标的	诺成合同、实践合同
内容	买卖合同、建设工程合同、承揽合同、运输合同、融资租赁合同、仓储合同、保管合同、租赁合同、借款合同、技术合同、赠与合同、委托合同、供用电（水、气、热力）合同等

3. 合同的要素

合同主要包括标题、约首、正文和结尾四个要素（见图 6-12）。

（1）标题

标题有以下两种形式。

- "合同性质＋文种"，如"买卖合同""租赁合同"。
- "合同标的＋合同性质＋文种"，如"设备买卖合同""房屋租赁合同"。

（2）约首

约首写合同编号、当事人、签约时间、签约地点等。

- 在合同首部空两格并写明双方当事人的姓名、身份证号、联系方式。如果当事人是法人，就写组织全称；如果当事人是个人，就写姓名。写明双方当事人，就确定了责任人和义

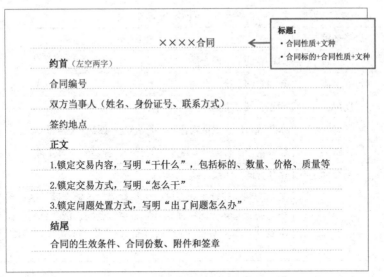

图 6-12　合同通用模板

务人。

- 写明签约地点，就明确了发生纠纷时应由哪里的法院管辖。

（3）正文

正文一般分为开头、主体和结尾三个部分。

开头写签订合同的依据或目的。

主体是合同最重要的部分，内容一般包括交易内容、交易方式和问题处置方式。

① 锁定交易内容（见图 6-13），写明"干什么"，包括标的、数量、价格、质量等。

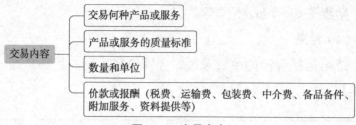

图 6-13　交易内容

标的既可以是有形财产，如房屋、设备等；也可以是无形财产，如知识产权、商标等；还可以是劳务和工作成果。标的不明确可能导致合同不成立，因此，标的规格、品种和名称等都要事先约定清楚，不能有歧义。

② 锁定交易方式（见图 6-14），写明"怎么干"。

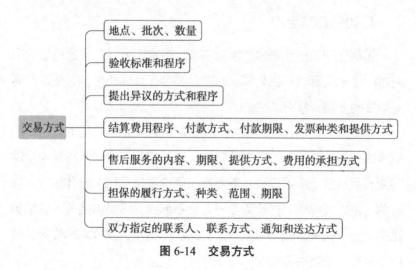

图 6-14　交易方式

③ 锁定问题处置方式，写明"出了问题怎么办"。

违约责任是指当事人一方或双方不履行合同或不适当履行合同时，依照法律规定或合同约定，当事人应当承担的法律责任。在合同中要精准描述违约行为，明确违约方要承担哪些责任，如继续履行、赔偿损失或支付违约金等。

（4）结尾

结尾包括合同的生效条件、合同份数、附件和签章等（见图 6-15）。

本合同一式两份，甲、乙双方各执一份，具有同等法律效力，本合同有效期限为从××××年××月××日到××××年××月××日，自签订之日起正式生效。

甲方：　　　　（盖章）　　　　　　乙方：　　　　（盖章）
日期：　　　　　　　　　　　　　　日期：

图 6-15　合同结尾范例

4. 如何起草合同

起草合同是一件非常严肃的事情，稍有不慎，就会给后期的合同履行带来大麻烦。在起草合同时，要确保合同的内容、使用的词汇均准确无误，没有歧义。

在实际工作中，借助范本或模板起草合同是很常见的做法，但范本或模板并不能解决所有的问题。这是因为，合同本身是商业谈判或其他经济业务的成果，需要按照商业逻辑和相关业务的特点来起草，范本或模板只能作为参考，绝不能找一份类似的范本或模板直接套用。正确的做法是根据业务的实际情况，在范本或模板的基础上调整、增删内容。

不过，当业务量较大时，如果每次签合同都从头开始起草合同，工作效率就太低了。因此，成熟公司为了提高工作效率，会让律师团队或法务部门制作通用的合同模板，员工只需要知道在什么情况下选用哪个模板就可以了。

自行起草合同一般分为三个阶段。

首先，做前期准备。在这个阶段，要充分了解业务需求和交易背景，如交易目的、标的情况、交易主体地位（谁强势、谁弱势）、交易的紧迫程度、对方主体资格及资信能力等；了解己方的需求，包括交易目的、关注点、交易背景、标的特点及相关的技术问题等。

其次，寻找素材。了解双方谈判情况，包括明确交易地位、交易标的价值和附加价值能给双方带来的利益、我方议价能力和谈判结果；找到尽量多的合同范本，通过对比找出一份基本能够满足需求的范本，以弥补自身思考的局限性，减少起草合同所需耗费的时间和精力；根据本次交易的特点设计个性化条款，形成新的合同文本。

最后，确定细节。在起草合同时一定要注意用词，避免意思模糊。典型问题如下。

- 一词多义。例如，"今还借款"中的"还"既可以读 huán，也可以读 hái，读音不同，词义完全不同。
- 一字之差。例如，"订金"和"定金"，一个退，一个不退，字写错了，钱就拿不回来了。
- 表意笼统。例如，写"采购玻璃"太笼统，最好写"采购钢化玻璃"，甚至写"采购钢化玻璃（超白、圆角、厚8mm）"。

第7章

书信类公文写作

7.1 证明信

1. 证明信的定义

证明信是以公司或个人名义证明某人身份、某段经历或某件事时所用的公文，有时也被称为"证明"。证明信可分为组织证明信、个人证明信、身份证明信、学历证明信、存档证明信、证件丢失证明信、工作证明信等。

2. 证明信的要素

证明信主要包括标题、称谓、正文、结尾和落款五个要素（见图 7-1）。

（1）标题

标题有以下几种形式。

- 直接写"证明信"或"证明"。
- "事由＋文种"，如"关于 ×× 同志 ×× 情况的证明"。

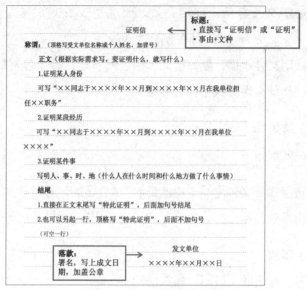

图 7-1　证明信通用格式

（2）称谓

相关要求如下。

- 在第二行顶格写称谓，一般写受文单位名称或个人姓名，后面加冒号。

- 如果没有特定的受文单位或个人，就用"兹"引出正文内容。

（3）正文

再起一行，空两格写正文。根据实际需求写，需要证明什么，就写什么。

- 证明某人身份，可写"×× 同志于 ×××× 年 ×× 月至 ×××× 年 ×× 月在我单位担任 ×× 职务"。

- 证明某段经历，可写"××同志于××××年××月至
  ××××年××月在我单位××××"。
- 证明某件事情，要写明人、事、时、地，即什么人在什么时
  间和什么地方做了什么事情。

（4）结尾

相关要求如下。

- 直接在正文末尾写"特此证明"，后面加句号结尾。
- 也可以另起一行，顶格写"特此证明"，后面不加句号。

（5）落款

署名，写上成文日期，加盖公章。

7.2 介绍信

1. 介绍信的定义

介绍信是当我方人员外出到其他单位联系工作、洽谈业务时，
将我方人员介绍给对方的一种公文。按照书写格式的不同，介绍信
可分为书写式介绍信和填写式介绍信。

2. 介绍信的要素

（1）书写式介绍信（普通介绍信）

书写式介绍信主要包括标题、称谓、正文、结尾和落款五个要
素（见图7-2）。

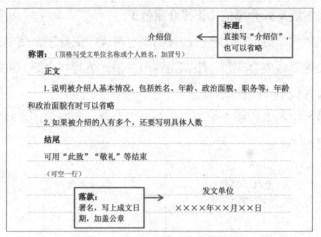

图 7-2　书写式介绍信通用格式

① 标题

直接在第一行居中写"介绍信",也可以省略。

② 称谓

在第二行顶格写称谓,写明联系单位或个人,注意要写全称,称谓后加冒号。

③ 正文

再起一行,空两格写正文。

- 说明被介绍人的基本情况,包括姓名、年龄、政治面貌、职务等,年龄和政治面貌有时可省略。

- 如果被介绍人有多个,还要写明具体人数。

④ 结尾

可用"此致""敬礼"等结束。

⑤ 落款

署名,写上成文日期,加盖公章。

（2）填写式介绍信（正式介绍信）

填写式介绍信的内容已经按照固定格式印刷好了，使用时直接在空白处填写内容即可。根据是否带存根，填写式介绍信可细分为带存根的和不带存根的。

带存根的填写式介绍信一般分为存根联、间缝和正式联三个部分（见图7-3）。

```
介绍信(存根)                        介绍信
××字第××号

部门：_____           _____:
职位：_____      兹介绍我单位_____同志等_____人，
姓名：_____      前往贵处联系_____，请予以接洽。
前往单位：_____
办理事项：_____           此致

_____           敬礼

_____

经办人：                              公司（盖章）

        年 月 日
      (有效期　天)
```

图7-3　带存根的填写式介绍信通用格式

① 存根联

相关要求如下。

- 标题：在第一行正中写"介绍信"，字要大，用括号注明"存根"。

- 字号：在第二行写"×× 字第 ×× 号"，"×× 字"是开具单位代字，"第 ×× 号"是介绍信编号。

- 正文：从第三行开始写正文，正文第一部分写被介绍人信息，包括人数、姓名、身份，如果被介绍人办理的是重要事项或保密事项，还要写明职务、性别、年龄、政治面貌等信息；第二部分写被介绍人要办理何事，提出对接洽单位的希望。

- 落款：只写成文日期，不用署名。
- 附项：写介绍信使用期限等信息。

② 间缝

中间虚线上写"××字第××号"，数字要大写，字要大，以便裁开后也能看清内容。

③ 正式联

相关要求如下。

- 标题：在第一行正中写"介绍信"，字要大。
- 字号：同左侧存根联。
- 正文：同左侧存根联。
- 结尾：一般写"请接洽""请协助"等，可用"此致""敬礼"等结束。
- 落款：写单位全称和成文日期，并加盖公章。

7.3 感谢信

1. 感谢信的定义

感谢信是单位或个人用来表示谢意的公文，可分为直发收信方类感谢信、公开张贴类感谢信和媒体发布类感谢信等。

2. 感谢信的要素

感谢信主要包括标题、称谓、正文和落款四个要素（见图7-4）。

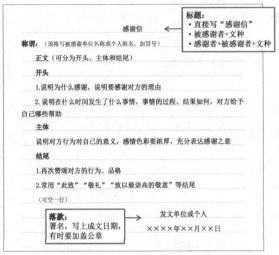

图 7-4 感谢信通用格式

（1）标题

标题有以下几种形式。

- 直接写"感谢信"。

- "被感谢者＋文种"，如"中秋客户感谢信"。

- "感谢者＋被感谢者＋文种"，如"××致××的感谢信"。

（2）称谓

在第二行顶格写被感谢单位名称或个人姓名。

（3）正文

相关要求如下。

- 开头：说明为什么感谢，在什么时间发生了什么事情，事情的过程、结果如何，对方给予自己哪些帮助，说明感谢对方的理由。

- 主体：说明对方行为对自己的重大意义，感情色彩要浓厚，充分表达感谢之意。
- 结尾：再次赞颂对方的行为、品格，常用"此致""敬礼""致以最崇高的敬意"等结尾。

（4）落款

署名，写上成文日期，有时要加盖公章。

7.4 倡议书

1. 倡议书的定义

倡议书是当个人或集体公开倡导某活动或做法，希望共同完成某项活动或任务时所用的一种公文。

2. 倡议书的要素

倡议书主要包括标题、称谓、正文和落款四个要素（见图 7-5）。

（1）标题

标题有以下几种形式。

- 直接写"倡议书"。
- "倡议内容＋文种"，如"廉政文化进家庭倡议书"。
- "倡议者＋倡议内容＋文种"，如"教育部提出规范用字倡议书"。

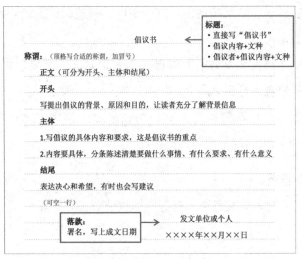

图 7-5　倡议书通用格式

（2）称谓

根据对象选择合适的称谓，如"亲爱的同学们""全国的青少年朋友们"等。

（3）正文

相关要求如下。

- 开头：写提出倡议的背景、原因和目的，让读者充分了解背景信息。
- 主体：写倡议的具体内容和要求，这是倡议书的重点。内容一定要具体，分条陈述清楚要做什么事情、有什么要求、有什么意义。
- 结尾：表达决心和希望，有时也会写建议。

（4）落款

署名，写上成文日期。

第 **8** 章
礼仪类公文写作

8.1 欢迎词

1. 欢迎词的定义

欢迎词用于在庆典仪式、重要会议、座谈会、领导考察等场合中，对宾客来访或会议代表来临表示热烈欢迎。根据使用场合，欢迎词可分为欢迎仪式致辞、欢迎宴会致辞等。

2. 欢迎词的要素

欢迎词主要包括标题、称谓、正文和落款四个要素（见图 8-1）。

（1）标题

标题有以下几种形式。

- 直接写"欢迎词"。
- "活动内容 + 文种"，如"××开幕式欢迎词"。
- "致辞人 + 活动内容 + 文种"，如"×× 在 ×× 宴会上的欢迎词"。

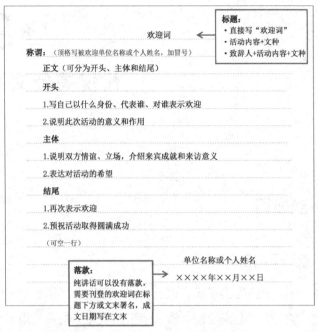

图 8-1　欢迎词通用格式

（2）称谓

相关要求如下。

- 在第二行顶格写称谓。

- 姓名前使用修饰语，如"敬爱的""尊敬的"；姓名后加头衔或敬语，如"教授""先生"等。

- 应包含所有来宾，不要遗漏。如果是团队来访，可以用泛称，如"女士们、先生们"。

（3）正文

相关要求如下。

- 开头：写自己以什么身份、代表谁、对谁表示欢迎，说明此次活动的意义和作用。
- 主体：说明双方情谊、立场，介绍来宾成就和来访意义，表达对活动的希望。
- 结尾：再次表示欢迎，预祝活动取得圆满成功。

（4）落款

纯讲话可以没有落款；需要刊登的欢迎词在标题下方或文末署名，成文日期写在文末。

8.2 祝词

1. 祝词的定义

祝词用于对某人或某事表达祝贺。按照祝贺的内容，祝词可分为祝酒词、祝婚词、祝寿词等。

2. 祝词的要素

祝词主要包括标题、称谓、正文和落款四个要素（见图 8-2）。

（1）标题

标题有以下几种形式。

- 直接写"祝词"。
- "活动内容＋文种"，如"××公司成立五周年庆典祝词"。
- "致辞人＋活动内容＋文种"，如"×× 在 ×× 宴会上的祝词"。

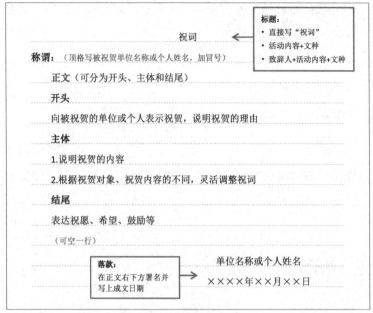

图 8-2　祝词通用格式

（2）称谓

在第二行顶格写称谓，注意先后顺序。

（3）正文

相关要求如下。

- 开头：向被祝贺的单位或个人表示祝贺，说明祝贺的理由。

- 主体：说明祝贺的内容。根据祝贺对象、祝贺内容的不同，灵活调整祝词。

- 结尾：表达祝愿、希望、鼓励等。

（4）落款

在正文右下方署名并写上成文日期。

8.3 贺信

1. 贺信的定义

贺信用于在节日、庆典、开业、晋升等场合中，向对方表示表彰、赞扬或祝贺。一般来说，贺信可在公开场合当众宣读；若距离太远，也可直接发给对方。贺信可分为上级给下级的贺信、下级给上级的贺信、平级单位之间的贺信、国家之间的贺信、个人之间的贺信等。

2. 贺信的要素

贺信主要包括标题、称谓、正文和落款四个要素（见图 8-3）。

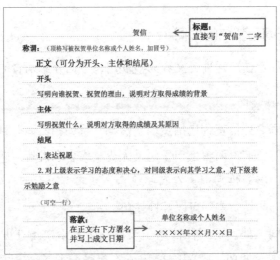

图 8-3　贺信通用格式

（1）标题

标题直接写"贺信"二字。

（2）称谓

在第二行顶格写称谓。

（3）正文

相关要求如下。

- 开头：写明向谁祝贺、祝贺的理由，说明对方取得成绩的背景。
- 主体：写明祝贺什么，说明对方取得的成绩及其原因。
- 结尾：表达祝愿。此外，对上级要表示学习的态度和决心，对同级要表示向其学习之意，对下级要表示勉励之意。

（4）落款

在正文右下方署名并写上成文日期。

3. 祝词与贺信的异同

祝词和贺信这两种公文容易被混用，下面介绍两者的相同和不同之处。

- 相同之处：贺词包括贺信、贺电，祝词和贺词有时被合称为"祝贺词"，两者都用于对某人或某事表示祝贺，感情色彩强烈，针对性很强。在有些场合，两者可以混用，例如，"祝寿"与"贺寿"可以互换使用。
- 不同之处：祝词往往用于在事情刚开始或正在进行时表示祝贺、期望，贺词往往用于在事情已经完成时表示庆贺、庆祝。